東京のおいしい
ボタニカルさんぽ

茂木雅世
Masayo Moki

写真：On Flowers

GB

はじめに

ここ数年、世界を揺るがすさまざまな出来事が起き、〝小さな幸せを暮らしに取り入れること〟の大切さについて、改めて気付かされました。

私自身、数年前に子どもがうまれ、緑の少ない都市へ引っ越し、生活が大きく変化しました。深呼吸をする時間さえ忘れてしまう日々の中で、心の拠り所にしていたもの。それが、「植物に囲まれた場所でおいしいものを食べること」でした。ふらっと足を運べるのに、旅行に出かけたかのように心と身体がリフレッシュする。そんな〝都会のオアシス〟を見つけるたびに、気持ちが少し楽になり、

植物の放つパワーに何度も心を動かされました。そうして、訪れた場所でお気に入りのひと鉢を見つけ、いつの間にか部屋を埋め尽くした植物たち。毎朝、様子を見て、お手入れをする時間は、急須でお茶を淹れる時間によく似た満足感を与えてくれます。

今回はそんな小さな幸せを感じさせてくれるスポットを1冊にまとめました。ぜひページをめくりながら、この週末に行ってみたいスポットを探して、お出かけしてみてください。きっと、心まで満たされるほっとする時間があなたを待っています。

2024年10月　茂木雅世

写真：meguro florist Tokyo Garden

東京のおいしい
ボタニカルさんぽ
contents

「おいしいボタニカルさんぽ」とはなにかって？

花や緑に囲まれて
のんびりしたり

And more ······ 56

TODAY'S SPECIAL Ebisu

TOO GARDEN

C STORE C

irotoiro

REN

植物を暮らしに
迎え入れたり

PART 2 目黒・品川エリア

風が通り抜ける空間でスイーツを味わう

meguro florist Tokyo garden ······ 36

インダストリアルな植物園と隠れ家ビストロ

TRANSHIP ······ 40

Eme ······ 42

空間美を愛でるセンスにあふれたアレンジメント

DENDA flowers & plants ······ 43

花に囲まれた夢空間で手づくりスイーツを

Chou de ruban ······ 46

塊根植物ブームの火付け役に愛犬家歓迎カフェ

BOTANIZE Shirokane ······ 48

anea café shirokane ······ 49

運河沿いの北欧風ショップ＆フレンチレストラン

SLOW HOUSE ······ 50

SØHOLM ······ 52

“緑と暮らす”の概念が変わるアイデアに出合える

STEOR ······ 53

おいしいものに
おなかも心も満たされたり

写真は右から、渋谷区ふれあい植物センター、Aoyama Flower Market GREEN HOUSE、Aki's Garden、ジュウニブンベーカリー

PART 3 清澄白河・浅草エリア

大切な人への
贈り物を選んだり

おうちを飾る
ヒントを見つけたり

PART 4 都内その他エリア

おしゃれな雑貨や
アイテムを買ったり

写真は右から、SOLSO HOME Futako、JUURI、CASICA

さあ、
おいしいボタニカルさんぽへ!

And more

PART 5 東京近郊エリア

生き物たちと
触れ合ったり

写真は右から、オザキフラワーパーク、café Felice

Column

アイコンの見方

- 電話番号
- 営業時間
- 休業日
- アクセス ※各章のはじめのページに地図を掲載しています。
- QR コード 公式ウェブサイト・SNS
- 観葉植物の販売あり
- ドライフラワーの販売あり
- 生花（切り花・鉢・花苗）の販売あり
- 花器・鉢の販売あり
- 駐車場あり

※本書の内容は2024年9月現在のものです。本書の発売後、予告なく変更される場合があります。
ご利用前に必ず各施設のホームページ、SNS等をご確認ください。

PART 1

渋谷・表参道 エリア

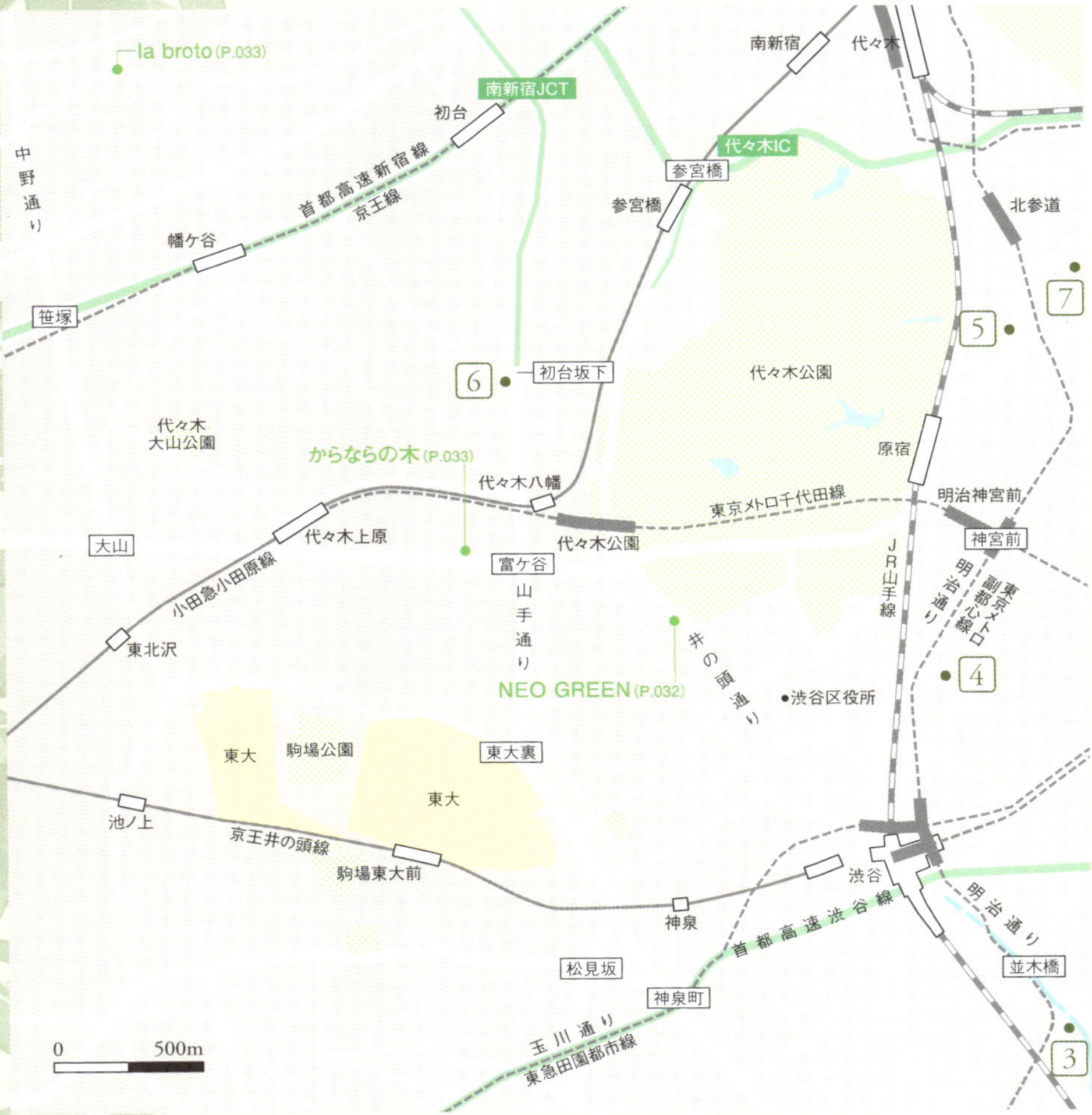
la broto (P.033)
南新宿JCT
南新宿
代々木
初台
代々木IC
中野通り
首都高速新宿線
京王線
参宮橋
参宮橋
北参道
幡ケ谷
7
笹塚
5
6
初台坂下
代々木公園
代々木
大山公園
からならの木 (P.033)
原宿
代々木八幡
明治神宮前
東京メトロ千代田線
大山
代々木上原
代々木公園
神宮前
富ケ谷
JR山手線
明治通り
東京メトロ副都心線
小田急小田原線
山手通り
井の頭通り
東北沢
4
NEO GREEN (P.032)
渋谷区役所
東大
駒場公園
東大裏
東大
池ノ上
京王井の頭線
駒場東大前
渋谷
神泉
首都高速渋谷線
明治通り
松見坂
並木橋
神泉町
玉川通り
東急田園都市線
0
500m
3

SOLSO PARK

ネオンカラーがテーマの店内。壁に掛けられたアートや照明もポップでかわいい。

都会の真ん中に緑のオアシス

南青山にある緑の広場を中心に複数のショップが集まった「SHARE GREEN」の一角に構える「SOLSO PARK」。都会の真ん中で緑を満喫できるスポットとして注目されています。多種多様なインドア&アウトドアプランツが揃い、中には植物園でも見ないような珍しいブリンチュウなども。海外から取り寄せた大きなサボテンや樹形が印象的な観葉植物、ハーブの寄せ植えまでをマルシェ感覚で楽しめます。

　お店で一番の人気者はネオンカラーのオリジナルポットに入った手のひらサイズのカラフルサボテン。ほかにも、まるでパイナップルが土に埋もれているかのようなパイナップルコーンや美しいロゼットを形成する

1

2

1 お店の外にある大きなサルスベリの木が印象的。

2 子連れで来ても遊べるスポットがあるのがうれしい！

植物のこだわり

パイナップルコーンのように、見た瞬間「かわいい！ 連れて帰りたい！」と思ってもらえるよう、ポップな印象の植物を数多く扱っているそう。

センペルビウムなど、見た目のかわいい植物が多く揃うのも魅力的です。

SHARE GREENの中央に広がる芝生や周辺のガーデンにも緑があふれ、〝コンクリートジャングル〟に突如現れたオアシスのように、都会の喧騒を離れて植物たちから元気をもらえる場所です。

まるで海外のショップのような カラフルな店内と緑のコントラスト

週末ともなると、お店の前に広がる芝生広場でのんびりコーヒーを飲むファミリーや、元気に走り回る子どもたちの姿がちらほら。お店のアイコン的存在にもなっているピンク色のブランコはフォトスポットになっていて、大人から子どもまで大人気のエリアです。

種を育てるキットなど自然にまつわるトイが入ったガチャガチャがあったり、虫眼鏡など自然をより近くに感じられる雑貨の販売があったり。店内には遊び心あふれる仕掛けが随所に感じられます。

「都会にもっと緑があったなら、心も穏やかになって仕事も捗るのに…」なんて思うのはきっと私だけではないはず。「SOLSO PARK」は、そんな「もっと緑を感じたい」という人たちの心の拠り所ともいえる場所になっています。

1 「SOLSO」のテーマにもなっているネオンカラーのポット（期間限定）など、雑貨のラインナップも充実。

2 まるで海外のボタニカルショップにいるかのような気分に。

3 1000円以下のミニサイズの植物もたくさん揃う。

SOLSO PARK
ソルソ パーク

港区南青山 1-12-13　SHARE GREEN MINAMI AOYAMA 内

☎ 03-6812-9770

10:00 ~ 18:00

休 なし

東京メトロ銀座線・半蔵門線・都営大江戸線青山一丁目駅（5番出口）から徒歩8分

Little Darling Coffee Roasters

自由な空気が流れる 開放的なコーヒースタンド

こだわり抜いてセレクトされたコーヒー豆は店内で購入も可能。

海外のカフェを彷彿とさせる開放感のある空間で、スペシャルティコーヒーとワンハンドメニューを楽しめるお店。店内に入ると、焙煎機からふわりとコーヒーの香りが出迎えてくれます。挽きたての豆から丁寧に抽出された「HAND BREW」を片手に、小腹がすいた時は店内でつくられるバーガーやピタサンドもご一緒に。奥のガラスケースに並ぶハワイアンベーカリー「NAKAMURA GENERAL STORE」のスコーンやマフィンも、コーヒーとの相性抜群です。

Little Darling Coffee Roasters《リトル ダーリン コーヒー ロースターズ》

港区南青山 1-12-32 SHARE GREEN MINAMI AOYAMA 内

☎ 03-6438-9844

10:00 ～ 19:00

休 なし

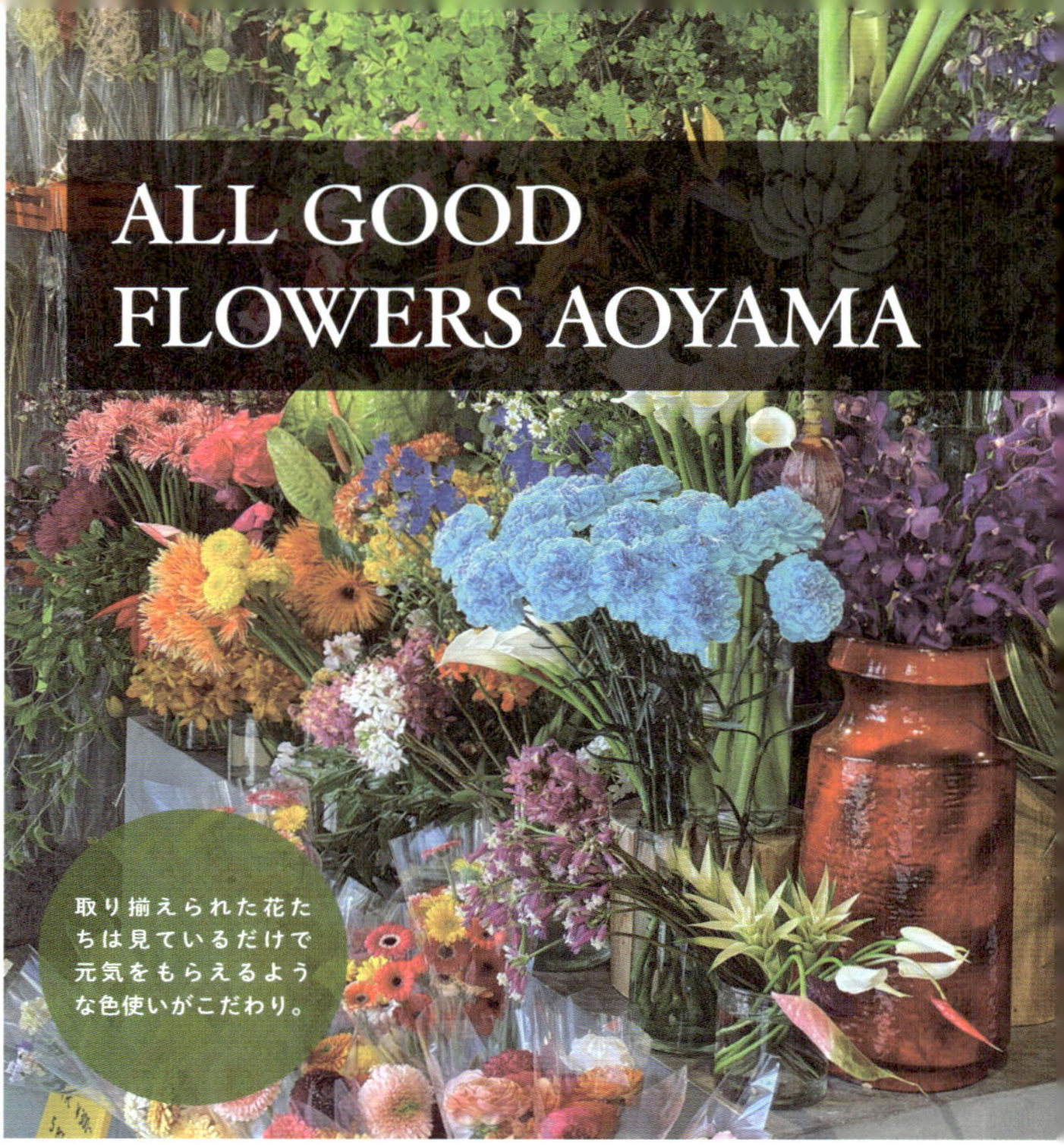

ALL GOOD FLOWERS AOYAMA

取り揃えられた花たちは見ているだけで元気をもらえるような色使いがこだわり。

1 キュートないちご形の花器などポップなアイテムが多数。

2 マーブル模様の花器もおしゃれ。

ビビッドでエネルギッシュ "部屋に飾りたくなる"お花

SOLSO PARKの隣には、色鮮やかな花々がずらりと並ぶお花屋さんも。見ているだけでエネルギーを感じるビビッドカラーのお花や南国のちょっと珍しい植物が揃い、1本からでも購入できます。存在感のあるお花が多いので、ファッションを楽しむ感覚でカジュアルに暮らしにお花を取り入れられるのも特徴的。ステッカーやキーホルダーなどお花をモチーフにしたオリジナル雑貨も取り扱っていて、今までにないお花との関わり方ができます。

ブランドとコラボレーションしたオリジナルのアパレルや一輪ずつ袋詰めされたドライフラワーはちょっとしたお土産にも人気。いちごの形をした個性的な花器や一輪挿しの花器などのアイテムも豊富に揃い、「日常的に花を飾りたい」という気持ちが湧き上がります。

ALL GOOD FLOWERS AOYAMA

オール グッド フラワーズ アオヤマ

港区南青山 1-12-13　SHARE GREEN MINAMI AOYAMA 内

03-6438-9487

11:00 ～ 18:00

休 不定休

東京メトロ銀座線・半蔵門線・都営大江戸線青山一丁目駅（4番南出口）から徒歩4分
東京メトロ千代田線乃木坂駅（5番出口）から徒歩4分

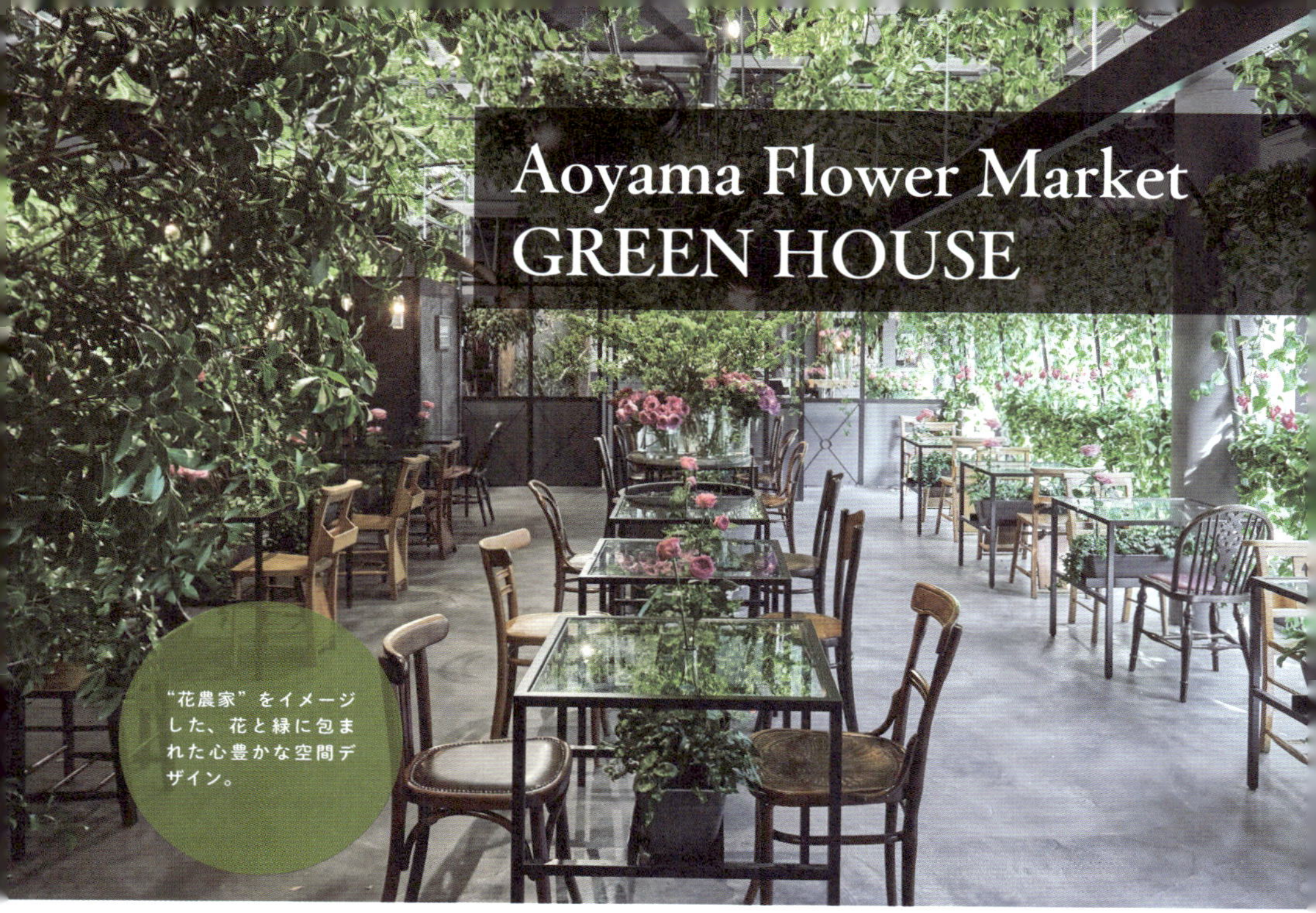

Aoyama Flower Market GREEN HOUSE

“花農家”をイメージした、花と緑に包まれた心豊かな空間デザイン。

フラワーショップの旗艦店に 花と緑を五感で味わう空間

　南青山の骨董通りからほど近く。都内を中心として全国に100店舗以上を展開する花屋「青山フラワーマーケット」の南青山本店に隣接するフラワーカフェ「Aoyama Flower Market GREEN HOUSE」があります。

　入口を入るとすぐに、エスキナンサス・マルモラタスやボストンファーンなどの蔓性植物がお出迎え。花が生まれ育つ〝温室〟をイメージした店内には、畝に見立てたテーブルが並び、そこから自然と花が咲いているように旬の花が飾られています。ブーゲンビリアとハゴロモジャスミンをメインにしたテラス席も同様に、蔓性植物が空間全体を包み込む場所。ここで過ごしていると、自分自身も植物に包まれているかのような錯覚を覚えます。

植物のこだわり

植物の「常に変化のある表情の豊かさ」や「成長」を楽しんでもらうため、定期的に植物を交換することはせず、こまめに霧吹きをしたり手入れをしたり、その場で「育てる」ことを大切にしているそう。

3

1

4

2

1 2 グリーンに囲まれた店内から「hana-kichi」でのレッスンの様子が見られるのもすてき。

3 4 隣接の「青山フラワーマーケット」南青山本店では花はもちろん、グリーンも多数並ぶ。

グリーンの包まれ感を味わう 料理屋ではなく“空間屋”

同店のほか、花屋「青山フラワーマーケット」などを運営するパーク・コーポレーション。その代表がイタリアのパンジー農家を訪れた際、農夫からおもてなしを受け、パンジーが咲き誇る温室の中で飲んだ紅茶に感動したことがきっかけとなり、「日本でも花に囲まれて過ごす贅沢な時間と空間を味わってほしい」という想いから誕生したのがこのお店です。

カフェの奥にはフラワースクール「hana《ハナ》-kichi《キチ》」があり、花の水揚げやブーケ・アレンジメントのレッスンなどがおこなわれています。目の前で活けられるライブ感から花々の香り、そして花やハーブを用いたメニューまで、空間全体から五感を使って花と緑を体感することができます。

Aoyama Flower Market GREEN HOUSE

アオヤマフラワーマーケット グリーンハウス

港区南青山 5-4-41
グラッセリア青山１階

03-3400-0887
(席の予約不可)

10:00 ～ 21:00 (L.O. フード 20:00 ／ドリンク 20:30)

休 不定休

東京メトロ銀座線・千代田線・半蔵門線表参道駅(B1・B3出口)から徒歩４分

〝幸せがずっと続く〟花かんむりのスイーツ

エディブルフラワーをあしらったとろける食感のフレンチトースト。

同店自慢の「花かんむりのフレンチトースト」は、エディブルフラワーやフレッシュハーブ、旬のフルーツをたっぷりと使った、見た目にも華やかな一品です。〝終わりのない幸せ〟を意味する花かんむりをイメージした盛り付けは、テーブルに出された瞬間から目を輝かせてしまうこと間違いなし。花の香りを邪魔しないよう、香りが強すぎる素材は極力使っていないという点もポイントです。

茨城県のハーブ農家・シモタファームから届く有機栽培のスペアミント、マジョラム、ローズマリー、レモングラスを使用したオリジナルブレンドのハーブティーも「このために来た」というお客さんが多数いるほどの人気。

美しい植物たちの中から、お気に入りの1輪を見つけてみて。

渋谷区ふれあい植物センター

栽培するすべての植物が「食べられる」というのが最大の特徴。「食」から植物を感じられる。

1 外構部に植えられたハーブや果樹の香りに蝶などの虫も引き寄せられる。

2 身近なフルーツが木に実っているところは意外と見たことがないものも。

3 園内で採れた果物はジャムなどにしてカフェで提供される。

渋谷の小さな植物園で「食べられる植物」に触れる

アーバンファーミングをテーマに掲げ、都会にいながら「育てて、食べる」体験を味わえる同センター。屋上ファームやライブラリー、カフェなどが入る地上4階建ての施設内で育てられているのは、すべて〝食べられる植物〟です。

建物の外構部分では、ゼラニウムやアーモンド、レモンなど約60種類の植物がお出迎え。収穫されたハーブや果物は、受付横で展示・ウェルカムウォーターとして提供されるなど、実際に触れたり、香りを楽しんだり、五感で植物を感じることができます。1階に広がるガラス張りのガーデンでは、三尺バナナやマンゴー、グアバ、カカオなど南国の果樹を中心に約40種類を栽培。小道を歩きながら、実をつけている様子を観察するのも楽しいひとときです。

種の販売のこだわり

カウンターの横では、ハーブや野菜の種をベランダなどで気軽に育てられるように少量から販売。「ここを訪れた人には、最終的には種を蒔く経験をしてほしい」という想いが込められている。

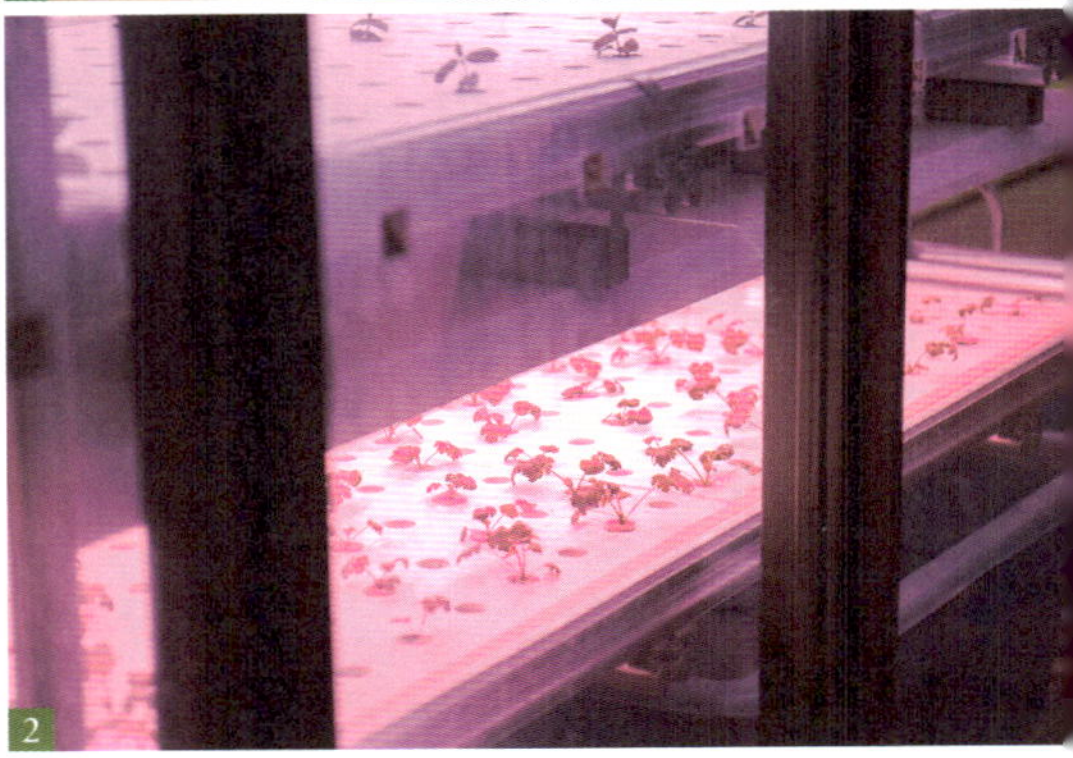

植物でつながる人々のコミュニティ

中央の螺旋階段で2階へ上がると、カフェの手前には子どもたちに人気のライブラリー空間も。植物に関する写真集や絵本は自由に読むことができます。

〝日本で一番小さい植物園〟と言われている同センターですが、園内では毎週のようにワークショップが開催され、植物を通して人と人とがつながる大切な場としての役目も。イベント時のみ入場できる屋上ファームではホップやお茶も栽培され、コミュニティメンバーで収穫をするなど都会の植物園ならではの体験が詰まっています。

コンポストがつくれるバッグの販売や、園内でつくったコンポストの無料配布も。

1 「食」や「野菜」に関する本たち。

2 水耕栽培室で育てられる野菜は2階のカフェで提供される。

3 栗などの果樹の苗木も展示。

4 屋上ファームで栽培されるホップやお茶は「渋谷ホップ」「渋谷茶」としてブランド化を目指す。

渋谷区ふれあい植物センター

しぶやくふれあいしょくぶつせんたー

渋谷区東 2-25-37

03-5468-1384

10:00 ～ 21:00
(入園は 20:30 まで)

休 月曜（祝日の場合は翌平日）

JR 渋谷駅から徒歩 8 分
渋谷駅から徒歩 9 分

子どもから大人まで楽しめる安心安全な贅沢メニュー

化学肥料を使わずに育った千葉の柴海農園がつくる野菜は味が濃い。

植物園の木々を望む2階のカフェでは、園内で収穫された葉物野菜はもちろん、トレーサビリティが確立された食材を使った、ナチュラルでヘルシーな料理とドリンクを楽しむことができます。天然酵母のパン粉でつくられるエビフライやハンバーグなどがワンプレートに載った「大人も楽しいお子様プレート」は家族連れにも大人気。ナチュラルな素材の味わいを楽しむワインやカクテルなども種類豊富に揃います。

ちょっとだけ食べたい時には、小麦の祖先・北海道産のスペルト小麦の全粒粉を一〇〇%使用したクリスピー食感が楽しいピザがおすすめ。おいしくいただきながら、食と植物について改めて考える。そんな体験を味わえます。

入園料の100円では考えられないくらいの体験が詰まっている。

翠堂明

1

2

「他人とかぶらないもの」や「見たことがない雰囲気」を意識した鉢と植物の組み合わせに。

作品名の付いた一点ものの植物
他人とかぶらないトキメク一鉢を

キャットストリートからほど近い場所にお店を構える「翠堂明」は、植物好きの吉川《よしかわ》やすしさんとさやかさんご夫婦が営む、居心地のよい植物店。一点一点の植物が小さな作品のように並ぶのが印象的です。

ピンク色がかわいいアグラオネマサファイアや黒い葉っぱがクールなザミオクルカスなど珍しいものも含め常時100種以上の植物と200種ほどのデザイン性あふれる鉢が、店内に美しく陳列されています。スニーカーショップのような棚には、思わず「かわいい!」と声が出てしまうアートのような植物が。「目の奥に浮かぶ銀河」や「新たなる出発」などすべての植物に題名がついているので、タイトルから選ぶのも◎。選ぶ時間も楽しく感じられます。大切な人に植物を贈りたいという時に、足を運びたいお店です。

1 不定期で販売するというご夫婦手づくりの鉢も人気アイテム。

2 小さな桜や松・楓・紅葉などかわいらしい盆栽も。自宅に置く植物でもギフト用のかわいいラッピングを施してくれるので特別感を感じられる。

翠堂明
みどりどうめい

渋谷区神宮前 5-30-6
秀幸ビル 1 階

☎ ー

平日 12:00 ～ 20:00
土・日曜、祝日 12:00 ～ 18:00

休 月曜

JR 渋谷駅（B1 出口）から徒歩 5 分
東京メトロ千代田線明治神宮前駅（5 番出口）から徒歩 10 分

厳選された台湾茶を片手に植物談義に花が咲く

台湾茶のメニューは3種。お土産用のパッケージやショッパーもかわいい。

店内では、ご夫婦共にマイスター資格を持つ台湾茶のドリンクメニューも提供されています。メニューは、発酵度が高くややどっしり感のある飲み心地の「東方美人」、上品なお花の香りがしっかり感じられる「四季春」、自然の香りを感じられる高級白茶「白牡丹」の3種。ホットとアイスが選べ、たっぷり入ったカップで出してくれるので、ギフト選びや植物談義もついつい長くなってしまいます。もちろんテイクアウトもOK。店内で提供されている台湾茶の茶葉は購入することもでき、キュートなパッケージはギフトにもぴったりです。

植物を購入した後でも定期的にお店に寄って、ご夫婦と話がしたくなる、あたたかいお店です。

ひとつひとつの植物についている題名のカードも一緒にラッピング。きゅんとするかわいさがたまりません。

ローランズ 原宿店

天井にはドライフラワーが飾られ、全方向から花と緑を感じられる。

1 原宿駅から徒歩8分の癒やしスポット。

2 食べられるエディブルフラワーが載ったオープンサンドは目にもおいしい！

緑と花に囲まれた 知る人ぞ知る安らぎ空間

そこにあるだけで人の心を癒やし、安らぎを与えてくれる花という存在。そんな花の持つ力強さや美しさを空間として体感できるスポットが、千駄ヶ谷の閑静な住宅街の中にある「ローランズ」というお店。明るく落ち着いた店内には、机上から天井まで至るところに花や観葉植物が。お店の周りに植えられたハーブなどの木々を眺めながらゆったりとした時間を過ごすことができます。

カフェの隣に併設されているのはかわいらしいお花屋さん。季節のお花を使ったミニブーケをはじめ、用途に合わせたお花のオーダーに応じてくれます。結婚式などで飾られたあとのお花がテーブルいっぱいに並ぶ日も。どこを見渡しても緑やお花が視界に入る空間で、お花のスイーツをいただくのは至福の時間です。

ローランズ原宿店《ろーらんずはらじゅくてん》

渋谷区千駄ヶ谷 3-54-15
ベルズ原宿ビル1階

03-6434-0607
03-6434-0080（カフェ直通）

フラワーショップ
11:30 ～ 19:00
カフェ
11:30 ～ 19:00（L.O. 18:30）

休 なし

JR 山手線原宿駅（竹下口）から徒歩8分
東京メトロ副都心線北参道駅（2番出口）から徒歩6分

お花をモチーフにした身体にもやさしいメニュー

花をモチーフにした、野菜や果物たっぷりの色鮮やかなスムージー。

ゆったりとしたカフェスペースで味わえるドリンクやフードはビタミンカラーで目にもやさしく、身体にもうれしいものばかり。中でも「カーネーション」や「ラナンキュラス」などお花をモチーフにしたスムージーは、野菜やフルーツをたっぷり使った人気のメニューです。

軽く何か口にしたいという時には、良質なライ麦パンを使用したカラフルなオープンサンドを。季節のフルーツやエディブルフラワーが載ったかわいらしい見た目もさることながら、甘すぎないやさしいお味に心も身体も癒やされます。野菜をたっぷり使った甘辛なタコライスは、とろとろの温玉とお花が添えられた華やかな逸品。緑やお花を目で見て、楽しみ、そして味わう心地よさをぜひ、一度体感してみては。

緑に囲まれたロフト席は人気の寛ぎスペース。

HANACHO MOTOYOYOGI

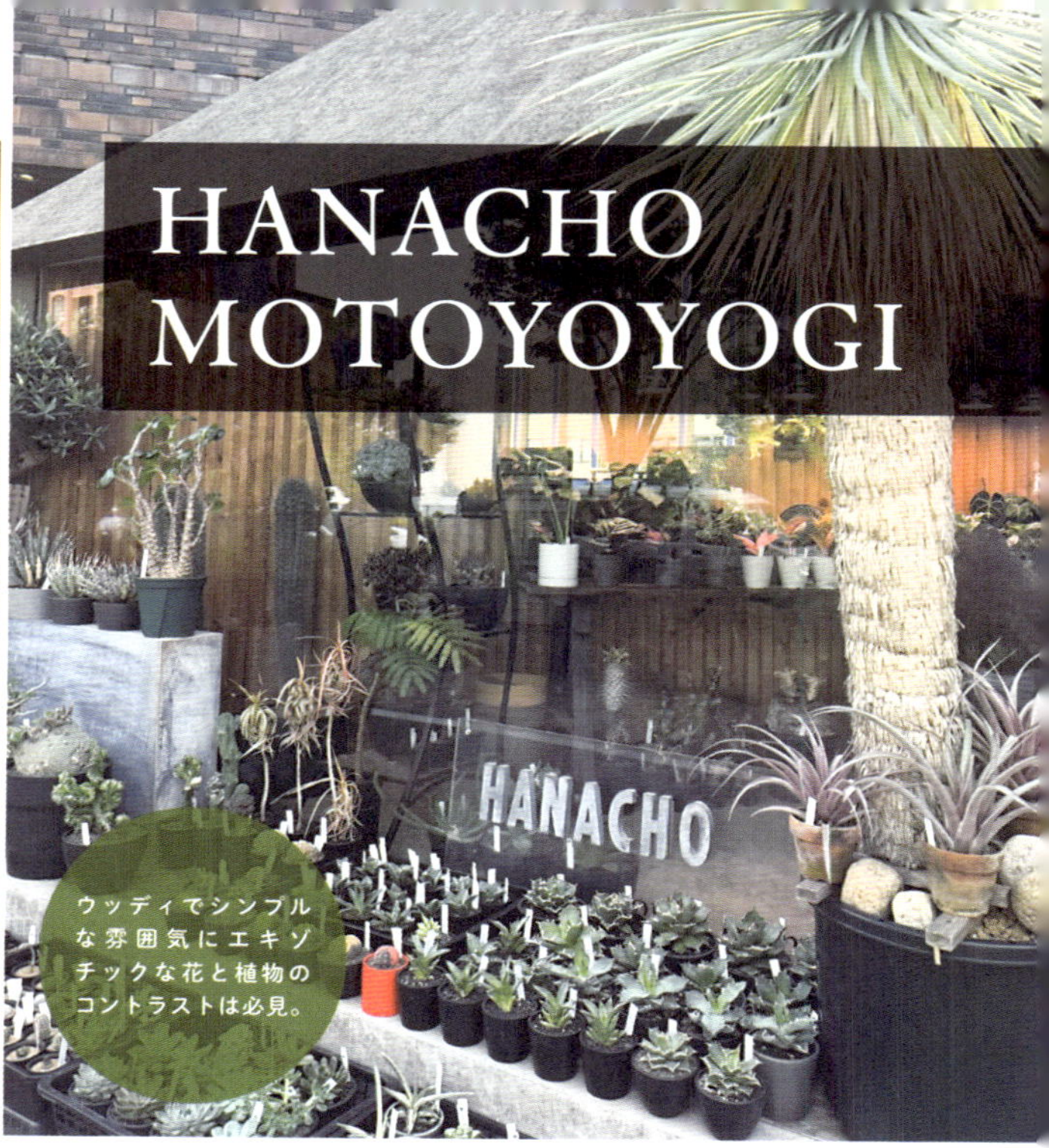

ウッディでシンプルな雰囲気にエキゾチックな花と植物のコントラストは必見。

1 食虫植物や葉の模様がキラキラと美しいアネクトキルスなども揃う店内。

2 カラフルなガラスの花瓶は夜に訪れると違った印象に。

個性的な植物に誘われて 植物とお花の神秘的な空間へ

　どこかエキゾチックな雰囲気を醸し出す印象的な建物と入口で迎えてくれるアイコニックなロストラータ。店内に足を踏み入れた時、「音楽や服を愛でるような感覚で花のある時間を楽しもう」と誘われているような気持ちになって、思わずドキッとしてしまうはずです。お店の外には、マニアだったら足を止められずにはいられない塊根植物やアガベがずらり。店内にはカラーリーフの観葉植物や濃い色味の切り花が多く、その美しくミステリアスな雰囲気に思わず引き寄せられてしまいます。

　お花まわりの雑貨も愛する店主が選りすぐった、ブルーやオレンジ、ピンクといった鮮やかなカラーの花瓶やポットも魅力的。ほかではなかなか見かけないカラフルなブーケは、植物の持つ色味の魔力を存分に堪能させてくれます。

HANACHO MOTOYOYOGI
ハナチョウ モトヨヨギ

渋谷区元代々木町 55-6

03-3428-8125

12:00 ～ 20:00

休 水曜

小田急小田原線代々木八幡駅（北口）から徒歩７分
東京メトロ千代田線代々木公園駅（１番出口）から徒歩８分

おひとり様大歓迎の多国籍ダイニングカフェ

ミッドダイニング

一汁四菜でバランスのとれた「今週の御膳」ランチが一番人気。

隣のビルの一階にあるのは、チキンエスニッククライスやナポリサンド、お手製ケーキなどのスイーツがいただけるダイニングカフェ「ミッドダイニング」。女性一人でも気軽に入れる店づくりをコンセプトとしており、メインのおかずに副菜3品とお味噌汁、ドリンクまで付いた御膳など、昼・夜のランチメニューが充実しています。

メインは焦がし醤油の香りが食欲をそそるサーモングリルや国産牛のハンバーグ、豆腐とひじきのチキンハンバーグなど、ボリューム満点なところも魅力。

一部のメニューはテイクアウトも可能なので、近くの代々木公園でのお花見や紅葉狩りのお供に持って行くのもありです。

ミッドダイニング《みっどだいにんぐ》

渋谷区元代々木町 55-7
桜苑マンション 1 階

☎ 03-3466-9896

11:30 ～ 22:00（L.O. 21:00）

休 火曜

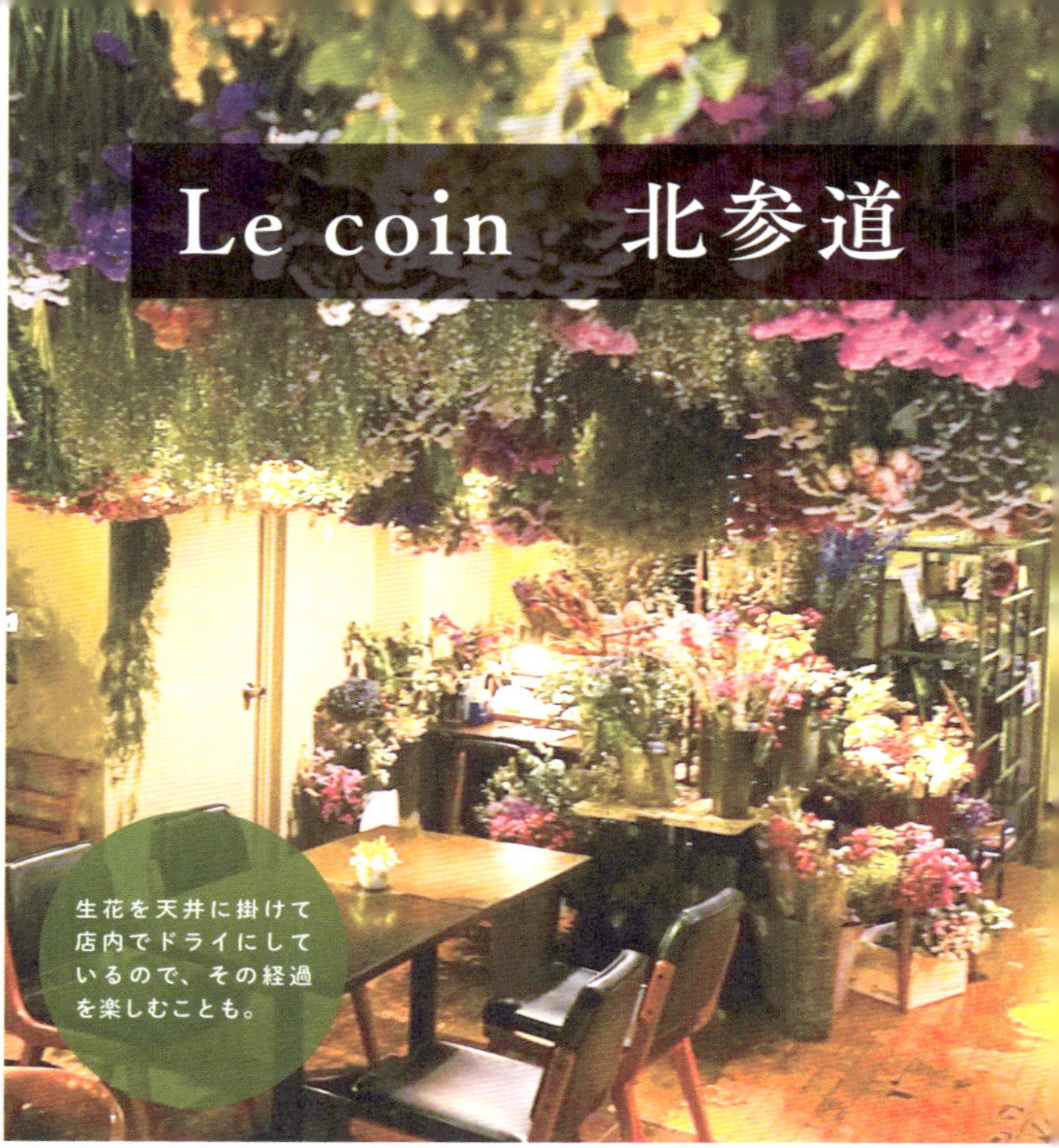

Le coin　北参道
生花を天井に掛けて
店内でドライにして
いるので、その経過
を楽しむことも。

1 ドライフラワーのスワッグや生花1本からでも気軽に購入できる。

2 ギフトアレンジやブーケも気軽にオーダーしてみて。

ドライフラワーに囲まれた 大人の隠れ家空間

北参道にひっそりと構えるこの場所は、美しいものに囲まれてひと息つきたい時にぴったりです。地下に向かう階段を下りていくと現れるのは、ドライフラワーに囲まれたシックな空間。天井からは、常時80種類程のドライフラワーが下げられ、間接照明のぼんやりとした灯りの下、その美しさを放ちます。

アンティーク家具にゆったりと腰をかけて、店内に流れるジャズの音色に身をゆだねていると、なんだかフランスの隠れ家に迷い込んだ感覚に。入口すぐのテーブル席は、その時々の季節をドライフラワーで表現する空間にもなっていて、幻想的な世界に心が奪われます。店内奥には、50種以上のドライフラワーを販売するスペースも。プロテアやアストランティアなどの花々が多種揃い、1本から購入することができます。

Le coin 北参道《ル・コワン きたさんどう》

渋谷区千駄ヶ谷 3-27-4
小林ビル B1F

03-6447-4356

11:00 ～ 18:00（L.O.17:30）

休 なし

東京メトロ副都心線北参道駅から徒歩４分

ワイングラスで提供される
ドリンクに心弾ませて

飲んだ瞬間に花の香りが口の中に広がるコーディアルシロップを使ったドリンクが人気。

間接照明の灯りがゆらめく隠れ家のような空間でいただけるのは、お酒にも合うお食事と大人がときめくメニューの数々。中でも、カモミールやラベンダーなどを砂糖に漬け込んでつくられたシロップに、トニックを合わせた「コーディアルシロップ」はお花を感じる人気のドリンク。ノンアルコールですがワイングラスで提供され、大人な雰囲気に。

北海道産の香り高いそば粉を１００％使ったガレットは、ハムやチーズ、野菜など種類も豊富で、ランチにもおすすめ。パフェやスイーツをたっぷり堪能できる「季節のアフタヌーンティーセット」も、季節のお花を体感できる人気の一品。ワインの種類も豊富なので、お酒好きも大満足のスポットです。

ランチメニューは月に一度ガラリと変わるのも特徴的。訪れるたびに新しい発見がありそう。

And more

渋谷・表参道エリアの素敵なグリーンショップを
もっとご紹介します。

NEO GREEN

ネオ グリーン

代々木公園駅

2007年のオープン以来、独自のスタイルを貫く鉢植え園芸植物の専門店。

グリーンポット専門店のパイオニア

アンティーク家具が置かれた店内は、まるで居住空間そのものに植物があるかのように配置され、そのまま自宅で真似しやすいディスプレイになっています。都内では珍しい盆栽も取り扱われ、日本人ならではの「間」を意識した鉢合わせとなっているそう。同じ種類でもひと鉢ひと鉢の趣が異なり、植物という生物の奥深さを味わえるはずです。

盆栽を目当てに欧米からの観光客も集まる。季節ごとに扱う品種が変わる。

渋谷区神山町1-5 グリーンヒルズ神山1階　☎03-3467-0788　12:00～20:00　休 月曜（祝日の場合は火曜）

FUGA

フウガ

表参道駅

「幹や葉、全体のバランスなど隅々までチェックしてほしいです」とオーナー。

個性あふれる植物×鉢で選べる植物のセレクトショップ

大型のグリーンが目を引く店内は、大小さまざまな観葉植物、季節の花鉢や切り花、屋外で楽しめる樹木など、バラエティに富んだラインナップが魅力。「見るだけ」の来店も歓迎しており、植物のおもしろさを体験できるはずです。アーティスティックな鉢も取り揃えており、植物と鉢、それぞれの個性から自分の好みやスタイルに合った植物を選べます。

その時々で自信をもっておすすめできる植物をセレクト、常に更新される。

渋谷区神宮前3-7-5 青山MSビルディング1・B1階　☎03-5410-3707　月・水・金曜13:00～18:00、火・木・土・日曜11:00～18:00　休 なし

からならの木《からならのき》

代々木八幡駅

観葉植物・ベランダグリーンのアドバイザー

インドアグリーンとベランダで育てられる育てやすい植物を中心に販売されています。自宅の植物の持ち込みも多く、育て方を詳しくアドバイス。植え替えも対応してくれます。

代々木公園のほど近くにある店舗には、大小さまざまな種類の植物が並ぶ。

渋谷区上原 1-7-2　03-3465-3667　12:00 ～ 18:00　休 火曜～木曜

HITOHACHI パサージュ青山店《ヒトハチ ぱさーじゅあおやまてん》

外苑前駅

棚にずらりと並ぶ鉢から好みのものを選ぶことができる。

植物と鉢を組み合わせ、好みの“一鉢”をつくれる

植物と鉢を自由に組み合わせ、自分だけのお気に入りの一鉢が完成。「スギベース」という園芸用土を使用し、虫が出づらく、水やりの回数が少なくすみます。

港区南青山2-27-18 AOYAMA M's TOWER1 階　03-6721-0444　11:00 ～ 19:00　休 なし

la broto《ラ ブロト》

幡ヶ谷駅

柔らかい光に照らされる店内。オリジナルの雑貨ブランドの鉢も展示される。

植物とアートを融合したグリーンショップ

植物を活かすように建てたコンクリート打ち放しビルに、約500種もの観葉植物が並びます。天窓からの自然光が差し込む店内には絵や陶芸作品の展示もあり、植物とアートの融合を体感できます。

中野区南台 2-1-7　03-6382-8156　12:00 ～ 17:00　休 月～金曜

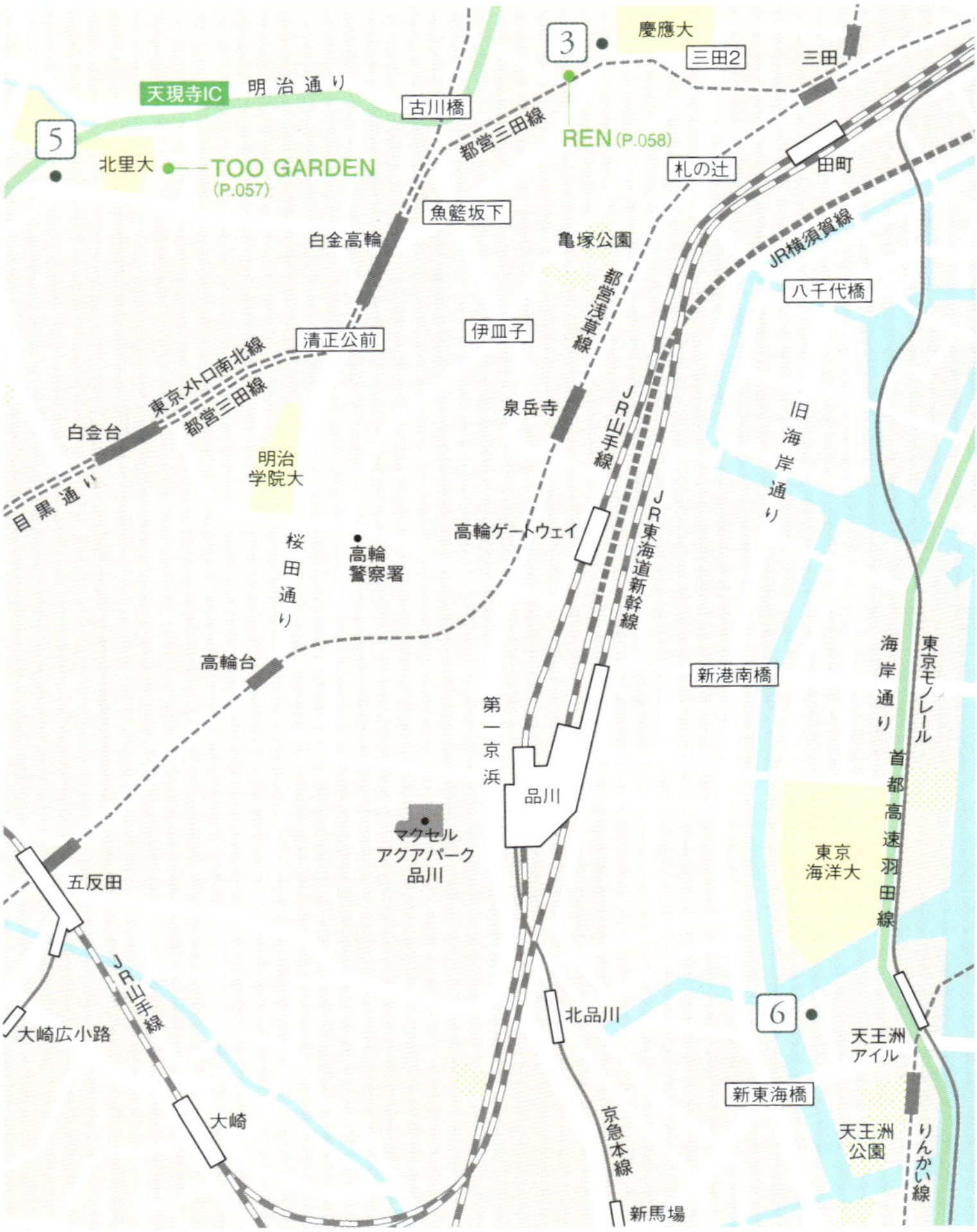

PART 2 目黒・品川エリア

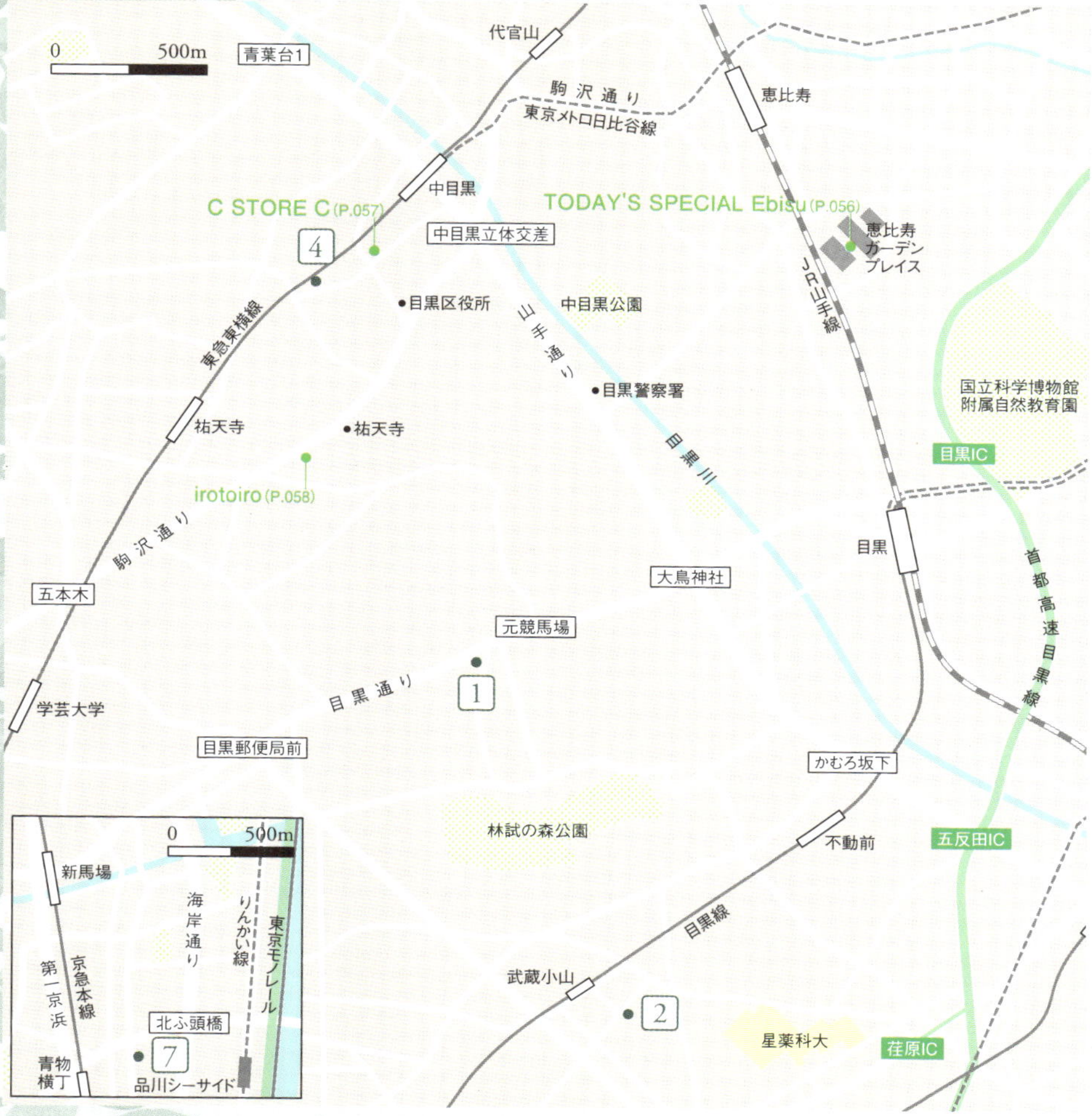

0
500m
青葉台1
代官山
駒 沢 通 り
東京メトロ日比谷線
恵比寿
中目黒
C STORE C (P.057)
TODAY'S SPECIAL Ebisu (P.056)
中目黒立体交差
恵比寿
ガーデン
プレイス
4
目黒区役所
中目黒公園
JR山手線
山 手 通 り
東急東横線
目黒警察署
国立科学博物館
附属自然教育園
祐天寺
祐天寺
目黒IC
irotoiro (P.058)
目黒川
目黒
駒 沢 通 り
大鳥神社
首都高速目黒線
五本木
元競馬場
1
目 黒 通 り
学芸大学
目黒郵便局前
かむろ坂下
林試の森公園
不動前
五反田IC
目黒線
武蔵小山
2
星薬科大
荏原IC
0
500m
新馬場
海岸通り
りんかい線
東京モノレール
第一京浜
京急本線
北ふ頭橋
7
青物横丁
品川シーサイド

meguro florist Tokyo garden

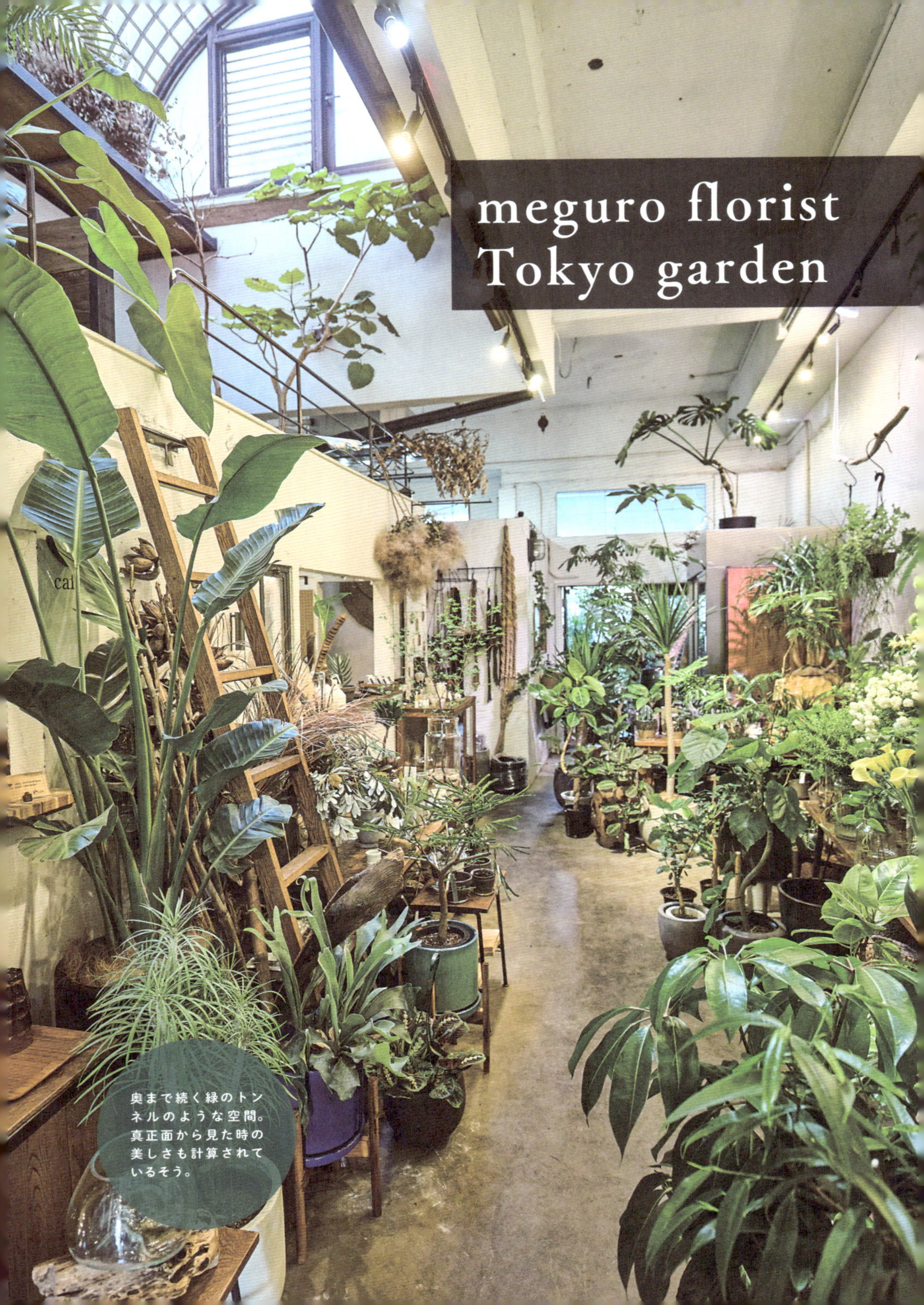

奥まで続く緑のトンネルのような空間。真正面から見た時の美しさも計算されているそう。

1 2 店内には、心地よさを感じる植物がずらり。ソファに座った際にちょうど良い高さの8号サイズの植物が人気。

3 鉢メーカーとして有名な「stem」から仕入れた一点ものの鉢や花器はお店でも大人気。

ラフな植物がつくりだす風の通り道

通称「インテリアストリート」と呼ばれる目黒通り沿いに佇む緑の空間。店名のとおり、足を踏み入れるとまさに大都会東京の真ん中にある中庭のような心地よい風が出迎えてくれます。植木屋としては江戸時代から、そして60年近くこの地で愛される花屋を営んできた同店。2017年からは浜松にある「Hiro furniture」の家具と植物を扱い、そしてカフェも併設し、より緑のある時間を体感できるスポットとして人気を集めています。

店内にはエバーフレッシュやサボテン、パキラ、色合いや柄など葉に特徴がある植物などが奥までずっと続き、緑のトンネルのよう。整いすぎているものというより、ラフに育ったような樹形の変わったものが多く揃います。

コーディネートのこだわり

ポットや植物はすべて、オーク材と鉄を使った「hiro furniture」の家具たちにフィットするものをセレクトしているそう。家具を主役にして植物を考えるのも楽しい。

まるでお部屋のような空間で木と緑とお花の調和を楽しむ

お店の中央には、スモーキーな色合いのお花と枝ものが多く揃う切り花のコーナーも。ナチュラルな空間にも合う可憐な印象ややさしい色合いのお花が多数並んでいます。

カフェスペースの前には、味わい深い木のスツールやテレビボードなどが置かれたリビングのような雰囲気の中に、サイズや種類の異なる観葉植物がずらり。お家で飾った際のイメージが湧きやすいのも特徴です。お部屋のインテリアの雰囲気に合った鉢と植物の組み合わせを探すのも楽しい時間。

店内で販売されているアクセサリーや香水などの雑貨もかわいい。

1 店舗の裏口は風の通り道に。

2 切り花は1本からでも購入可能。

3 木の素材やシックなものまで揃う厳選された鉢や花器にも注目。

meguro florist Tokyo garden

メグロ フローリスト トウキョウ ガーデン

目黒区下目黒 6-1-27 アメニティハウス1階

03-3710-1187

10:00 ～ 19:00

休 水曜

東急目黒線武蔵小山駅（西口）から徒歩19分
東急東横線祐天寺駅から東急バス「目黒消防署」下車徒歩4分

緑に包まれて贅沢に味わう
バナナとショコラのクレープ

ショコラソース、ショコラアイス、マカロンとショコラ尽くしのひと皿。

緑に囲まれたカフェ空間では、野菜がたっぷり載ったグリーンそぼろカレーなどのお料理やスイーツを楽しむことができます。人気のメニューは「バナナとショコラのクレープ」。もちもち食感のカカオ風味の生地の中には、生クリームとたっぷりのカスタードクリーム、バナナと食感が楽しいアーモンドが。ショコラソースに加え、アイスやマカロンまで載った贅沢なひと皿です。

しっかり食べたい日には、ボリュームたっぷりでヘルシーな「きのこのドリア」がおすすめ。お隣のケーキ屋さん「アントワーヌ・カレーム」のケーキもカフェスペースで食べることができます。

木のぬくもりあふれる家具と季節の花や緑で彩られた心地よい空間を思う存分味わって。

TRANSHIP

週末だけ現れる都会のジャングル。樹形と鉢にこだわったインテリアグリーンが扱われている。

インダストリアルな雰囲気の中で〝飾って美しい〟植物と出合う

「毎日視界に入るものだから、同じ種類の植物でも〝葉っぱの付き方〟や〝樹形が美しい〟ものがいい」。そんな、お部屋に置いてフィットする観葉植物を探している方におすすめしたいのが、武蔵小山駅から徒歩4分程にある「TRANSHIP」というお店。

前職はスタイリストという異色の経歴を持つストアマネージャーの文屋泉さんがセレクトする、オーナメントプランツとしても美しい観葉植物がずらりと並びます。樹形ひとつとっても、どこにでもあるものではなく、自然に伸びているものや、反対に思いっきり遊んでいるものなど種類も豊富。オーストラリアなどの南半球の植物は、飾るだけでおしゃれな雰囲気を演出できちゃいます。

鉢のこだわり

木材の自然な形を生かした鉢やハンギングの鉢など、多種多様な鉢が揃えられています。オリジナルポットは植物を入れた時に一番美しく見えるグレー＆マットな質感。

1 江戸城の石垣にも使われた由緒正しい石を使った、PIANTA × STANZA のプロダクト「sekitei」の鉢も取り揃えられています。

2 植物やお部屋に合わせた鉢も提案してくれるそう。

3 目印はお店のシンボルツリーでもあるオリーブの木。

店内の随所に隠された“植物のある暮らし”のヒント

ヨーロッパのアンティーク家具や重厚感のある素材などインダストリアルな雰囲気の中で植物を楽しめる店内では、飾り方のヒントも随所に見つけられます。天井から下げた焼き物のお皿の中に、エアプランツを飾ったり、石や金属などの素材でできたポットに植物を合わせ、あえて大きさや色味を揃えず並べたり。ファッションのような感覚で植物を合わせる文屋さんの世界観にどっぷり浸り、それぞれの〝好き〟を見つけるのもまた、楽しい時間です。

お世話をする人のライフスタイルをヒアリングして、ぴったりな植物を提案してくれる点も初心者にはうれしいポイント。週末のみオープンするお店ですが、頻繁に植物を入れ替えているので、訪れるたびに新しい出合いがあるはず。

TRANSHIP
トランシップ

品川区小山 3-11-2
サンコート小山 1 階

03-6421-6055

金・土曜 11:00 ～ 19:00 ／
日曜 11:00 ～ 17:00

休 月～木曜

東急目黒線武蔵小山駅（東口）
から徒歩 4 分

Eme

隠れ家ビストロで旅行気分を味わえるひと皿を

豚肉と甘長唐辛子を使ったバスク地方の郷土料理「アショア」。

一番身近な幸せは「食卓」にあると、改めて気づかせてくれる隠れ家のようなレストラン「Eme」。フランス語で「〜を好む」「〜を愛する」という意味を持つ言葉を店名に掲げたお店でいただけるのは、シンプルでありながらとびきりおいしいフランスの郷土料理やバスク地方のお料理です。シェフは、ヨーロッパやニュージーランドなど世界各地のキッチンで経験を積んできた武《む》藤《とう》恭通《やすゆき》さん。お店で提供される生ハムやワインなどの多くが、現地に足を運んで出合った生産者から仕入れたものだけというのも〝旅〟を愛するシェフならではのこだわり。

Eme《エメ》

品川区小山 3-11-2
サンコート小山 1 階

☎ 03-5751-7636

ランチ 12:00 〜 15:00（L.O. 13:30）／
ディナー 18:00 〜 23:00（L.O. 21:00）

休 月曜、不定休

DENDA flowers & plants

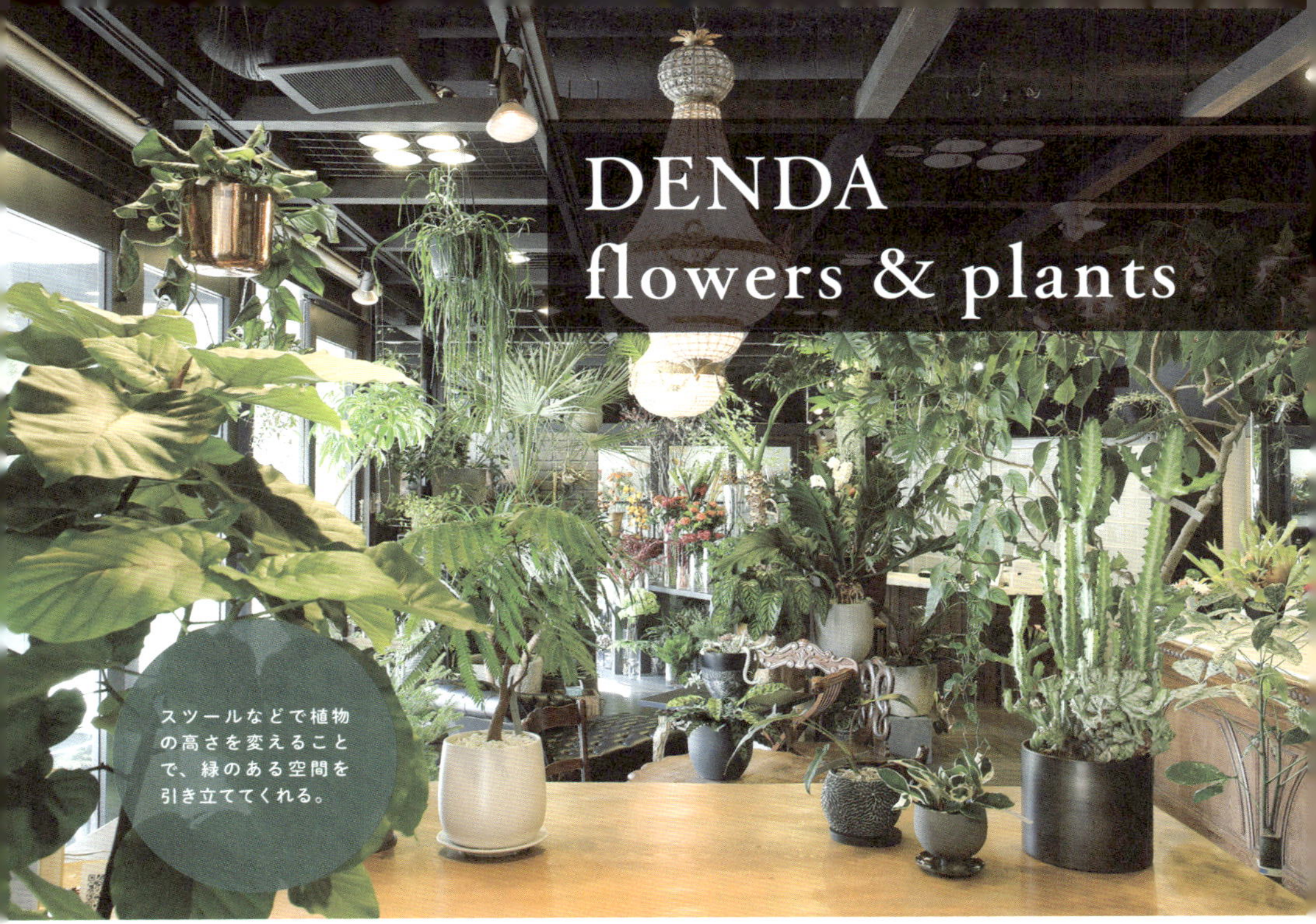

スツールなどで植物の高さを変えることで、緑のある空間を引き立ててくれる。

空間美を愛でる センスあふれるアレンジメントが魅力

慶応義塾大学三田キャンパスのほど近く、コンクリートに囲まれた街中にふっと現れる緑の空間。ラグジュアリーな店内には、ユニークな見た目の花々や美しい観葉植物、そして長い間大切に守られてきたヴィンテージ家具といった〝尊いもの〟が同じ空間の中でそれぞれの美しさを放っています。

　枝ものなどを混ぜてシンプルに仕上げた生け花のようなアレンジメントは、あらゆる〝美〟を知り尽くしたドレスデザイナーでもあるオーナーだからこそつくり出せる作品。お店のシンボルマークにもなっているミツバチの柄や種類豊富なカラーのラッピングで、アートのようなアレンジメントをオーダーできるのも、魅力です。アセビやドウダンツツジ、実ものからカンガルーポーなど珍しい種類までラインナップも豊富。

観葉植物のこだわり

お店が発信する「東京屋内緑化計画」は、お部屋の中を緑でいっぱいにしようという想いから。枝ぶりや葉付きが美しい一点ものの植物たちを取り揃えている。

1 余白を楽しむシンプルなアレンジメントを提供してくれる。

2 3 お店の目印になっているミツバチのモチーフ。

洗練された鉢に個性的な植物
お部屋で美しく魅せるアイデア

店内中央と向かって右側のスペースには、手のひらサイズのミニ植物からシンボルツリーとして選びたい大型のものまでが、ずらりと揃う観葉植物の空間。ハートの葉っぱがかわいいフィロデンドロンや熱帯原産のアグラオネマなど、感性が刺激される存在感のあるインドアプランツが多く並びます。なかでも品揃え豊富なのは、デスク周りに置くのにもちょうどいい3～4号サイズ。白やグレーといった色合いの洗練された鉢に、まるで盆栽のように美しく植え込まれていて、贈り物にもおすすめです。

ヴィンテージのテーブルの上には、どっさりと飾られた季節のお花、壁に掛けられた額縁には、美しいビカクシダも。お部屋で植物を飾る際のインスピレーションが湧いてきます。

DENDA flowers & plants

デンダ フラワーズ アンド プランツ

港区三田 2-17-16

03-5427-5707

10:30 ～ 19：00

休 木曜

都営三田線・浅草線三田駅（A3出口）から徒歩９分
JR 山手線・京浜東北線田町駅（三田口・西口）から徒歩 12 分
東京メトロ南北線・都営三田線白金高輪駅（２番出口）から徒歩 11 分

全国各地の〝おいしくて身体にうれしい〟を味わう

ドライフルーツがたっぷり入った爽やかな有機ルイボスティー。

ヴィンテージ家具はカフェのテーブル席として使用することができ、実際に触れることも。緑と〝尊いもの〟に包まれて、身体が喜ぶドリンクやスイーツを楽しむことができます。おすすめはヘルシーな「サンザシソーダ」。赤ワインの約5倍のポリフェノールを含み、クエン酸もたっぷり入ったサンザシのシロップをソーダで割った爽やかな一杯です。

そのほか、10種類以上のスパイスが入った伊勢のカルダモンコーラやグルテンフリーのフィナンシェ、北海道のしぼりたて牛乳を贅沢に使ったアイスクリームなどオーナー自ら選りすぐった美容や健康にうれしいスイーツも多数ラインナップ。

オーガニックのルイボスティーやカフェラテなどはテイクアウトもOK。

Chou de ruban

「暮らしの中にちょっとしたお花を取り入れてほしい」という想いから、500円からでも注文可能。

1 人気のお花のギフトボックスとアイシングクッキーのセット。

2 カフェのテーブルには緑とお花の中にかわいい動物たちが隠れているので、探してみて。

花に囲まれた夢空間で 旬のお花と手づくりスイーツを

「大切な人の記念日を特別に演出できる、花束とケーキをオーダーしたい！」。そんな願いを叶えてくれるお店が、目黒銀座商店街内にある「Chou de ruban」。フランス語で「蝶々結び」を意味する店名に込められているとおり、2015年の開店以来、地域の人々との縁を結び愛されてきた、知る人ぞ知る名店です。

「記念日にケーキとブーケの色味や世界観を揃えてオーダーする方もいらっしゃいますよ」と語るのは、店主の川本《かわもと》幸代《ゆきよ》さん。洋花のフランス大会に出場するまで腕を磨き続けた川本さんのつくる空間は、花の1本1本が持つ葉の付き方や色味などの個性をそのまま活かしてつくるあたたかい世界です。なるべくオーダーが入ってから新鮮な花を仕入れるなど、花とそれを受け取る人への愛が窺えます。

Chou de ruban
シュードゥリュバン

目黒区上目黒 2-43-6
LINKY1-1 階

☎ 03-6886-1167

モーニング 8:00 ～ 11:00
ランチ 11:00 ～ 15:00
カフェ 8:00 ～ 18:30

休 カフェのみ 火・水曜

東京メトロ日比谷線・東急東横線中目黒駅（東口 2 または西口 2）から徒歩 7 分

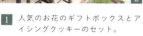

季節のフルーツタルトがかわいすぎて思わず「キュン」

フルーツ満載の季節のタルトや、「抹茶タルト」「ガトーショコラ」。

かわいらしい扉を開けて最初に目に入るのは、ところ狭しと並べられた季節を彩る花々。結婚式場でお花やインテリアのコーディネートをしていたこともあって、お店の内装のほとんどが店主の手でつくりあげられています。

お店専属のパティシエがつくる手づくりスイーツの中でも、サクサクタルトの上に季節のフルーツがたっぷりのった「季節のフルーツタルト」が一番人気。そのほかにも、お店の外にあるベンチを利用する方限定の「ガーデンメニュー」(季節限定)や創業当初から不動の人気の「コーヒーゼリーパフェ」も一度は食べたい逸品。記念日のケーキはオリジナルデザインをオーダーすることも可能です。

結婚式や記念日のケーキからプチギフトまで希望に寄り添ってくれる。

BOTANIZE Shirokane

温室のような空間に多様なサイズや形の塊根植物が連なり、マニアにはたまらない。

盆栽のように愛でて楽しむ 塊根植物ブームの火付け役

独特の見た目で人気を集める塊根植物。そのブームを牽引していると言っても過言ではない存在が、白金にお店を構えるエキゾチックプランツショップ「BOTANIZE Shirokane」です。小さな扉を開け、階段を上った先に広がる塊根植物に囲まれた空間は、まさに隠れ家そのもの。全国から塊根植物マニアが集まる知る人ぞ知るスポットです。屋上に設けられた約25平米の温室には、初心者にも人気のパキポディウム・グラキリスをはじめ、オベサやドルステニア・ギガスなど、その数1000株以上。種を蒔いてから日の浅い実生株から大きなサイズまで揃うので、理想にぴったりなものを見つけられます。塊根植物のクールな魅力をより引き立たせるオリジナルのポットは、発売後即売り切れてしまうことも多い人気アイテム。

1 個性が光る塊根植物たち。

2 大人気の陶器鉢と組み合わせた植物なども。

BOTANIZE Shirokane
ボタナイズ シロカネ

港区白金 5-13-6 ANEA ビル 3 階・4 階

03-6277-2033

金〜日曜 12:00 〜 19:00

休 月〜木曜

東京メトロ日比谷線広尾駅（2 番出口）から徒歩 13 分
東京メトロ南北線・都営三田線白金高輪駅（3 番出口）から徒歩 14 分
JR・東京メトロ日比谷線恵比寿駅から徒歩 17 分

anea café shirokane

ワンちゃん歓迎のカフェで たっぷり有機野菜のランチ

ランチはパスタやハンバーグ、週替わりプレートなどから選べる。

同じビルの1・2階にあるのは、ガラス張りの窓から光が差し込む落ち着いた空間。ワンちゃんの写真を元にしてつくられる記念日向けの犬用ケーキが人気の「anea café」です。カフェにはワンちゃん同伴での入店OKなのはもちろん、獣医師監修の犬用メニューも用意され、犬好き同士のランチ会にも最適。

新鮮な有機野菜をたっぷりと使用したプレートランチからふわふわのパンケーキ、ワインがすすむリブアイステーキまで、どれも食材にこだわった満足感のある一品ばかりです。

anea café shirokane
アネア カフェ シロカネ

港区白金 5-13-6
ANEA ビル 1 階・2 階

☎ 03-6450-3502

11:00 ～ 22:00（L.O. フード 21:00 ／ドリンク 21:30）

休 なし

SLOW HOUSE

植物と鉢は主張しすぎないワントーンの組み合わせでインテリアに馴染みやすい。

〝暮らす〟という視点で選ぶ家具と調和したインドアプランツ

天王洲の運河沿いにお店を構える「SLOW HOUSE」は、豊かな暮らしのヒントを見つけられるライフスタイルショップ。2階建ての建物には植物のほか、家具や器、アパレルなどさまざまなアイテムが並びます。家具と植物との相性を体感できるのはインテリアショップならではの魅力です。

お店で取り扱うナチュラル系の家具との調和が取りやすい、淡い葉を持つ植物や白っぽい幹のものを中心に、常時100種以上をラインナップしています。人気が高い植物は、エバーフレッシュや多肉植物。育てやすく扱いやすい植物の品揃えがメインなので、お部屋に初めて植物を迎える際にもおすすめです。

キセログラフィカやクリプタンサスなど印象的な見た目の植物も見逃せません。

鉢のこだわり

インテリアショップの「ACTUS」が運営しているだけあって、植物と鉢のスタイリングまで提案してくれる。お部屋の中の鉢と雑貨の色味を揃えると、空間に統一感が出るのだそう。

1 空間に馴染みやすいナチュラルな色合いの鉢や家具が揃う。

2 ハイドロカルチャーの植物には水位計が付いてくる。

3 数ある鉢から、お部屋に合ったものを一緒に選んでくれる。

インテリア視点で 鉢と植物の組み合わせを楽しむ

〝暮らしに溶け込む植物〟という視点で種類豊富に揃えているのは、ハイドロカルチャーの植物。土を使わず虫が付きにくいので、キッチンなど場所を選ばずに植物を楽しむことができます。水やりの目安を把握しやすい「水位計」が付いてくるのもポイント。ほかではなかなかお目にかかれない、ハイドロカルチャーを使用した大型の観葉植物にも出合えます。

鉢などの雑貨も、インテリア好きが喜ぶラインナップに。ホワイトやグレーのカラーを中心に、お部屋に置いて絵になる造形的な鉢が勢ぞろいしています。店内の植物と鉢すべてが別売りなので、自分らしい組み合わせを見つけることも。店内を巡るだけで「こういう暮らしをしてみたい」という気持ちが湧いてくる場所です。

SLOW HOUSE
スローハウス

品川区東品川 2-1-3

03-5495-9471

11:00 ～ 19:00

休 水曜（祝日を除く）

東京モノレール羽田空港線天王洲アイル駅（南口）から徒歩約5分
東京臨海高速鉄道りんかい線天王洲アイル駅（B出口）から徒歩約7分

SØHOLM

運河沿いの北欧風レストランで丁寧なお料理を召し上がれ

自然派ワインに合うお食事で、何気ない日も特別な日に彩られる。

同じ建物の1階にある「SØHOLM」では、北欧のお家に招かれたようなオープンキッチンとゆったりとした雰囲気の空間で、掛川《かけがわ》哲司《さとし》シェフ監修のカジュアルフレンチやコース料理とナチュラルワインを堪能できます。

ランチで人気なのは、サラダがたっぷり載った豚肉のシュニツェル。ほかに、季節に合わせた旬の食材を使ったメニューもあります。ディナーで人気の「長谷川農園ブラウンマッシュルームのサラダ」も一度は食べたい逸品。ティータイムには季節のフルーツを使ったさまざまなスイーツも楽しめます。

SØHOLM《スーホルム》

品川区東品川 2-1-3

☎ 03-5495-9475

月～金曜　ランチ11:00～15:00（LO14:00）／ディナー17:00～22:00（LO21:00）
土・日曜、祝日　ランチ11:00～15:00（LO14:00）／ティータイム15:00～17:00／ディナー17:00～21:00（LO20:00）

休 水曜（祝日は営業）

STEOR

店名は代表の星野さんの「星」の古代英語。まさに植物1点1点が輝く作品だ。

かつてのステンレス工場に所狭しと並ぶ植物と花々

植物に囲まれたアプローチを歩いていると、思わず心が躍り出すこの場所。青物横丁駅から6分ほど歩いたところに構える「STEOR」は観葉植物や生花はもちろん、“緑と暮らす”アイデアがちりばめられた空間です。実家のステンレス工場をリノベーションしたという店内は天井が高く、写真スタジオのような雰囲気。ガジュマルやゴムの木、エバーフレッシュなど、どの植物もスタイリッシュで美しい樹形のものばかりです。

長年、お店を持たずイベントなどで作品を販売し、植物好きから絶大な人気を集めていた代表の星野ひろみさん。その代名詞とも言えるのが、グリーンと異素材を組み合わせて制作するオリジナルインテリアプロダクトの数々です。

空間づくりのこだわり

近代的なプロダクトと植物を掛け合わせた空間デザインは「自然に近い植物たちに遊び心を加え、生活にユーモアとささやかな幸せを届けていきたい」という想いからきている。

1 2 額縁やガラス瓶とグリーンを組み合わせる星野さんの独特な世界観。

3 お部屋の雰囲気をおしゃれにしてくれるアイテムが随所に。レジ横には厳選された環境にやさしい洗剤や雑貨なども。

“緑と暮らす”の概念が変わる
ユニークなアイデアとの出合い

大学で建築を学んだ星野さんが考案する〝暮らしの中にある緑〟は軽やかで自由なインテリアプロダクト。すべてご本人が「あったらいいな」という想いから創り出したものなのだとか。額縁の中に鮮やかなグリーンが入り込んだ「グリーンウォール」や、カゴのように仕立てた苔の中に草花が彩られた「MOSSBAG」は植物を飾る選択肢を広げてくれるアイテムです。植物を引き立てるステンレススチールのハンギングバスケットに、ネコやうさぎのかわいいポット、温かみのあるカゴ素材の鉢カバーなどインテリアのスパイスになりそうなアイテムも。

店内奥には切り花のフロアもあり、日常のふとした瞬間に自然を感じられるような野に咲く花が多い点も、キュンとするポイントです。

STEOR
ステア

品川区東品川 4-1-16

03-6874-4906

金～土曜、
祝日の月曜 11:00 ～ 18:00

休 月～木曜
※事前の電話にて対応相談可能

京急本線青物横丁駅から徒歩 6 分

レモネードとクッキーで ホッとするひとときを

ほのかな甘みのくるみのクッキーはオーガニックレモネードと相性◎。

つい長居したくなってしまう心地よい店内ではコーヒーやソイラテなど、オーガニックなドリンクとスイーツをいただくことができます。

特に人気のメニューはオーガニックレモネード。無農薬でつくられたレモンと黒糖・三温糖で引き出されたやさしい甘味に、心が満たされます。レモンの果実もたっぷり入って、爽やかさもプラス。

一息つきたい時には、近くにある青物横丁のイタリアン料理のお店「Cuoca e Cuoco」が手掛ける米粉のくるみクッキーやビスコッティも一緒に。ひと口ほおばると、米粉クッキーの中に入った、キャラメリーゼしたココナッツミルクの味わいがふわっと広がります。

「STEOR」から徒歩３分にある「Cuoca e Cuoco」のクッキーはどれも絶品。

And more

目黒・品川エリアの素敵なグリーンショップを
もっとご紹介します。

TODAY'S SPECIAL Ebisu

トゥデイズスペシャル エビス

恵比寿駅

2022年オープン。切り花はドライフラワーになるまで楽しめる品種も揃える。

食と暮らしのマーケットで日々をアップデート

恵比寿ガーデンプレイス内にある広々としたお店は、植物のほか、うつわや食材、雑貨などの暮らしにまつわるアイテムがずらりと並び目移りしてしまいます。植物関連も、小ぶりな鉢を中心とした観葉植物、切り花やドライフラワーにくわえ、花瓶や鉢、お世話グッズもお洒落なものが豊富。リースづくりやアレンジメントなどのワークショップや、ハーブを育てるアイテムの特集など、季節に応じた企画もなされています。

「今日を特別にする発見」を提案。暮らしをすこしだけアップデートしては。

土は量り売りで購入可。マルチング材で土を覆うと、さらにおしゃれ度アップ。

渋谷区恵比寿 4-20-7 恵比寿ガーデンプレイス センタープラザ地下1階　03-6721-6481　10:00～20:00　休なし

TOO GARDEN

トゥー ガーデン

白金高輪駅

店主のセンスが光る ユニークな植物&鉢

白金の裏路地にある小さなお店は、観葉植物や庭木、ギフト用の生花や鉢がぎっしりと並びつつも、ゆったりとした雰囲気。店主がユニークな樹形・雰囲気の植物や、変わった形・色の鉢など、個性のあるものを仕入れているそう。初心者の来店客も多く、じっくり話しながら、好みやインテリアにぴったりの植物と鉢の組み合わせをその場でつくることができます。アンティークの花瓶や植物を置けるスツールなど、グリーンのある暮らしを楽しむための家具や雑貨も。

住宅街にぽつんと佇むお店。お部屋に合わせた鉢と植物のスタイリングを相談できる。

鉢もお洒落なものが豊富で「他では見ない鉢が見つかる」と好評だそう。

港区白金 5-6-18 shirokanefive1階　☎ 03-3444-5051　🕒 12:00～18:00　休 月・火曜

C STORE C

シー ストア シー

中目黒駅

さまざまな品種&サイズの バランスのよい品揃え

中目黒駅近くにある、室内向け観葉植物をメインとしたグリーンショップ。こぢんまりとしたお店ながら、育てやすい定番人気の品種から部屋のアクセントになる個性的な植物まで、常時100種ほどが所狭しと並びます。サイズも大小さまざまで、部屋のシンボルとなるような大型植物から気軽に取り入れやすい卓上サイズまで揃うので、ライフスタイルやインテリアにぴったり合うひと鉢が見つかるはず。持ち込み植物の植替えも対応しています。

近隣の散策も楽しい中目黒エリアにあり、バランスのよい品揃えが魅力。

スタイリッシュでインテリアに映える鉢も揃う。季節で入れ替えるのも◎。

目黒区上目黒 2-15-11　☎ 03-3794-1616　🕒 12:00～18:00　休 火・水曜、不定休

irotoiro《イロトイロ》

祐天寺駅

部屋の空気をがらっと変える 花のパワーを感じて

祐天寺駅にほど近い緑の生い茂る建物に入ると、色とりどりの鮮やかなお花やグリーンに囲まれる別空間が広がっており、思わず気分が高揚。イベント等の装花を豊富に手がける店主のセンスがあふれる、一味ちがったフラワーショップです。季節の切り花を中心に、観葉植物や花木（花観賞用の樹木）を扱う同店。空間の雰囲気ががらっと変わるような花束やアレンジメントは、植物本来の躍動感を表現しているそう。プレゼントはもちろん、自分へのご褒美にも。

見ていると自宅も花やグリーンであふれさせたくなる、わくわくする店内。

空間に満ちる花のパワーに元気をもらえる。

目黒区中目黒 5-27-24 メゾンユタカ 1 階　03-5708-5287　不定
※来店の際は電話かメールで要連絡
休 不定休

REN《レン》

三田駅

いけばなの美学を活かす 植物ケアのパイオニア

ビル 3 階分を占める大型の観葉植物専門店。役目を終えた植物を自社温室で時間をかけて再生させた「リボーンプランツ®」は業界初。いけばなに通じる美学を樹形に反映させ、ひと鉢ずつ丁寧につくっているそう。ひとつひとつに物語がある一点ものなので、特別な植物をお探しの方に。植物ケアのパイオニアとして、これも業界初の「プランツケア®」という、無料診断、植替え、下取り等の手厚いアフターサービスも実施。植物の循環する仕組みを提供しています。

植物の美しさが際立つ店内風景に、来店客から「美術館のよう」との声も。

自社ビルをリノベーションした 300 平米の延床面積をほこる大型店舗。

港区三田 2-17-32 ハナモスタジオビル　03-3456-0871　11:00 ～ 19:00　休 不定休（HP 参照）

column 1

植物好きにおすすめのボタニカルスポット①

緑に囲まれたオトナの空間

アフタヌーンティーやワインが楽しめるおしゃれな雰囲気の場所を2店ご紹介。
癒やしのボタニカルカフェとはまた違う、とっておきの時間を過ごせるはずです。

Lobby Bar

ロビー バー

ホテル・東京エディション虎ノ門の31階に位置し、東京湾と東京タワーを望むラグジュアリーバー。“天空のジャングル”をコンセプトとしたエントランスには空間を埋め尽くすほどの緑が溢れ、洗練された非日常を体験できます。「緑を背景にして映える色見」を考慮してつくられたというアフタヌーンティーは、ひとつひとつ繊細で贅沢な味わいを堪能できるはず。

港区虎ノ門4-1-1
東京エディション虎ノ門31階
@toranomonedition

HANABAR

ハナバー

ドライフラワーアーティストの油井奈々さんと夫で料理家のゆいだいきさんが2017年にはじめたカフェバー。シックな店内ではエディブルフラワーをあしらったマフィンや限定ランチなどをいただけます。「漆黒のクリームソーダ」など、色味や味の好みに応じてカスタムしてくれるというオーダークリームソーダは、推し活に利用するお客さんも多いのだとか。

豊島区西池袋3-30-6
@hanabar.ikebukuro

PART 3

清澄白河・浅草エリア

清澄白河・銀座

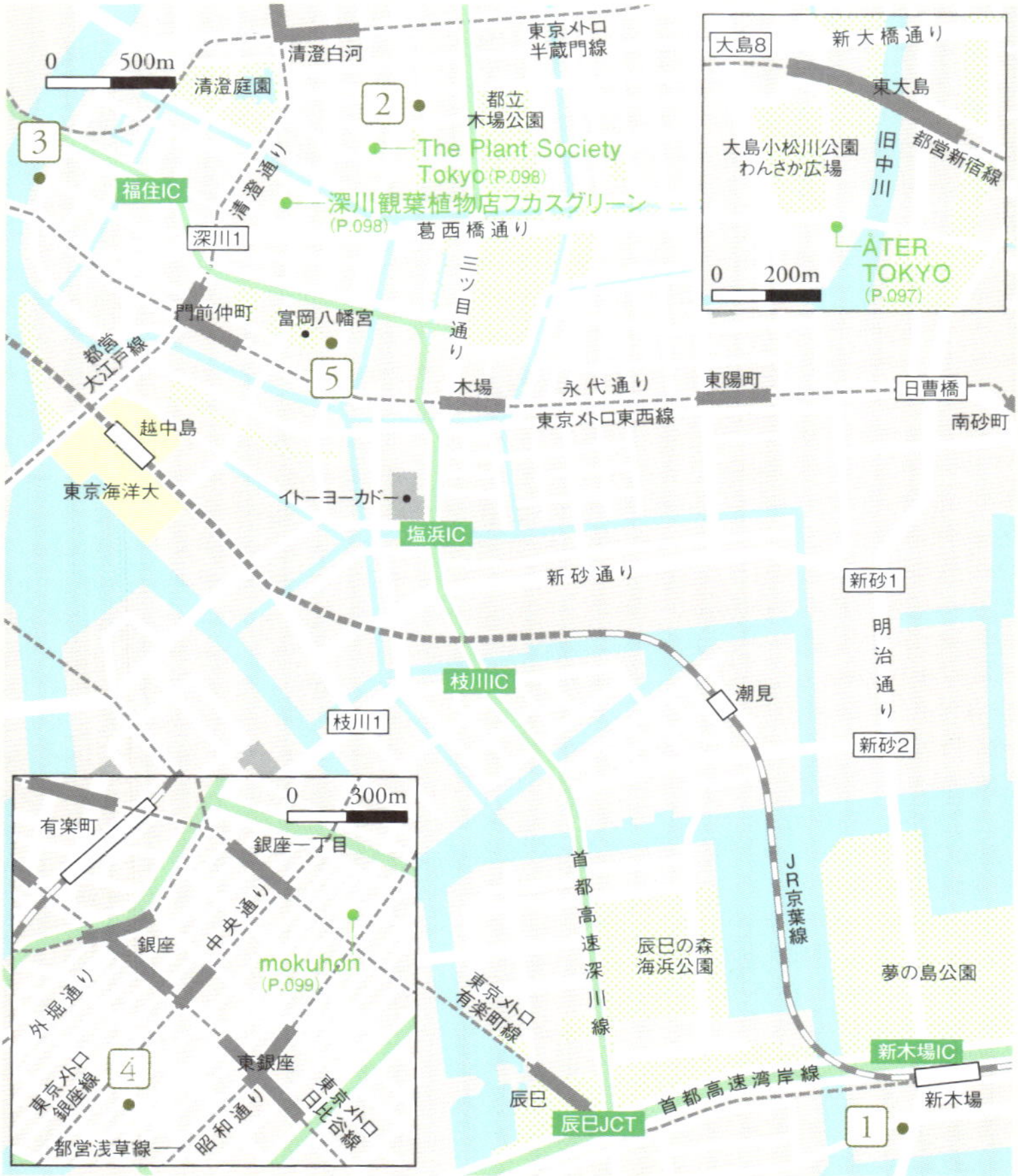

浅草・上野

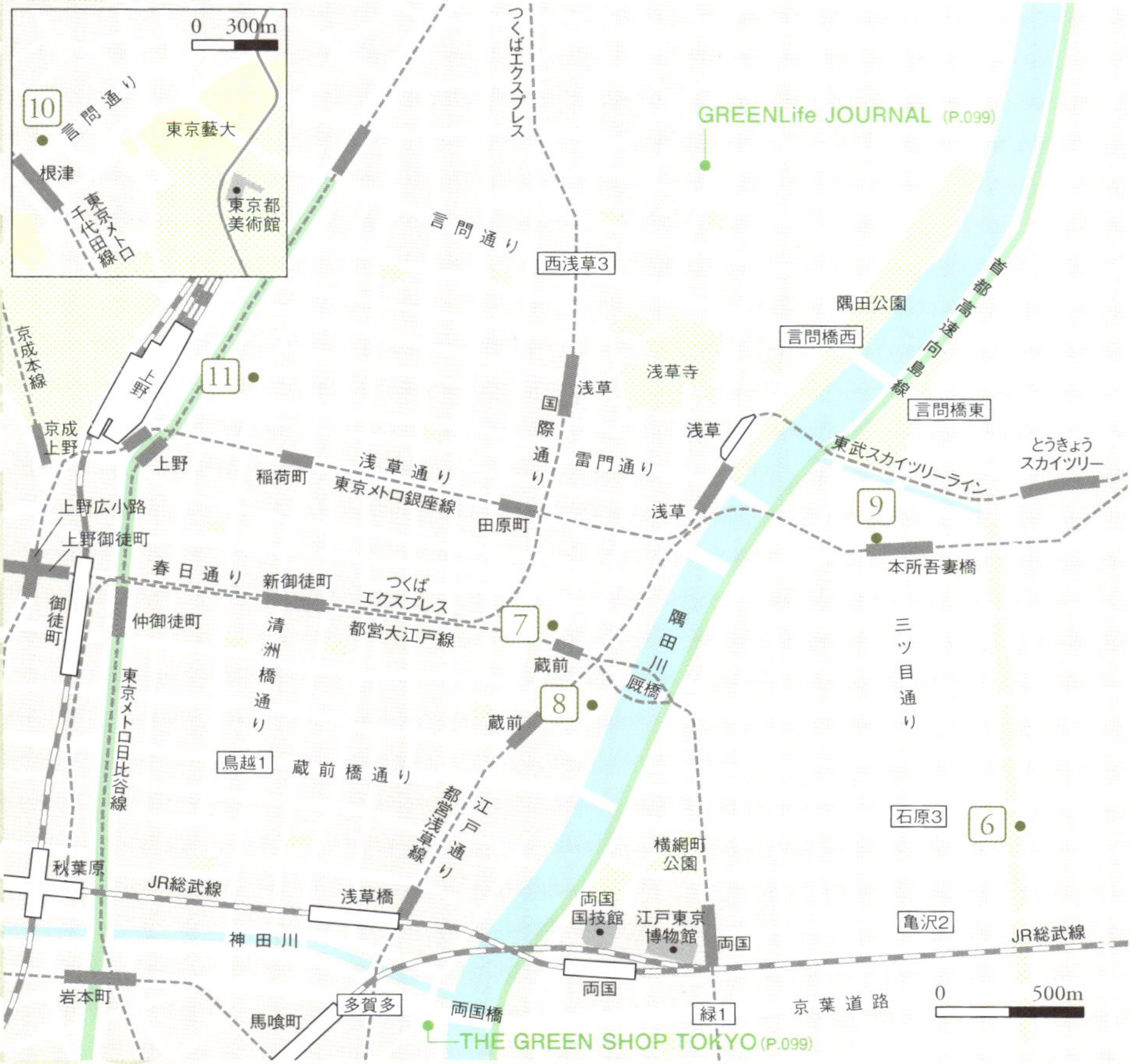
0 300m
10
言問通り
東京藝大
根津
東京メトロ千代田線
東京都美術館
京成本線
11
上野
京成上野
上野広小路
上野御徒町
御徒町
稲荷町
浅草通り
東京メトロ銀座線
田原町
春日通り
新御徒町
つくばエクスプレス
都営大江戸線
仲御徒町
清洲橋通り
東京メトロ日比谷線
鳥越1
蔵前橋通り
7
蔵前
8
都営浅草線
江戸通り
秋葉原
JR総武線
浅草橋
神田川
岩本町
馬喰町
多賀多
両国橋
THE GREEN SHOP TOKYO (P.099)
言問通り
西浅草3
国際通り
浅草
雷門通り
浅草寺
GREENLife JOURNAL (P.099)
隅田公園
言問橋西
言問橋東
首都高速向島線
東武スカイツリーライン
とうきょうスカイツリー
9
本所吾妻橋
隅田川
厩橋
三ツ目通り
石原3
6
横網町公園
両国国技館
江戸東京博物館
両国
亀沢2
JR総武線
緑1
京葉道路
0 500m

CASICA

時代や国を問わずセレクトされたものが並ぶ、ここでしか味わえない世界観。

〝そのもの〟の魅力を問い直す場所

バラバラのように見えて、繋がっている。そんな未知の感覚を体感できるその場所があるのは、新木場駅から徒歩3分ほど。コンセプトにもなっている「生きた時間と空間を可視化する」という言葉から付けられた「CASICA」を店名として掲げ、国籍や時代を問わずセレクトされた雑貨や家具、植物たちが、店内を埋め尽くしています。

かつて木材問屋が数多くあったというこの地で、古い木材倉庫をリノベーションしてつくられたこのお店。入口すぐ左の空間に広がる植物のフロアでは、高い天井を活かし、ほかではなかなかお目にかかれない大きなサイズのチャメロプスが出迎え、存在感を放ちます。

世界各地の雑貨とともに並ぶ

1 植物の形のよさが映えるよう、あえて余白をつくった空間に。

2 植物の合間を埋めるように、古い家具や異国情緒あふれるオブジェが並ぶ。

のは、オーガスタやドラセナなどの南国ムードを感じる観葉植物やハンギングプランツ、個性的な多肉植物たち。なかでも、ギザギザな形とモフモフしたフェルト状の質感をした葉が特徴のカランコエベハレンシスなどの大型多肉植物は、インテリアのアクセントになること間違いなしです。

植物のこだわり

黒い葉っぱが特徴的なフィカスバーガンディをはじめ、紫やピンクなど色のある葉っぱを付ける植物も多数。インテリアに馴染みやすい白やグレーの鉢と組み合わせて。

生産数の少ない植物にも遭遇できるジャングルのような異空間

ベーシックな種類でも、根元が肥大していたり曲がっていたり。育った時間を想像する楽しみがある植物が多く並ぶ点も魅力のひとつです。ピンク色の希少種、ネオレゲリア・リラなどにもお目にかかれるかも。

広い店内には植物のほか、家具や雑貨、食、アートなど時代と地域が混在したものたちが同じ空間に集められています。先入観を持たずに、〝そのもの〟が醸し出す空気感と向き合える。このお店だからこそつくり出せる世界観に没入してみて。

化石や器、オブジェ、書籍などあらゆる“もの”が共存する場所。

1 壁一面に並ぶ花瓶や鉢も時代や国を問わずセレクトされたもの。

2 葉先がピンクに色づいたネオレゲリアなど色のある葉ものが人気。

3 世界の食文化を日本の食卓で親しめる「CASICA PANTRY」。

4 古い木材倉庫をリノベーションし、新しい文化を発信する場に。

CASICA
カシカ

江東区新木場 1-4-6

03-6457-0826

11:00 ～ 18:00

休 月曜、第 2・第 4 火曜
※月曜が祝日の場合は営業、翌火曜が休業

JR・東京メトロ有楽町線・りんかい線新木場駅から徒歩 3 分

Arkhē apothecary & kitchen

薬膳で「おいしく整える」自分をいたわる処方箋を

たっぷりのスパイスがアイスでも身体のなかから温めてくれる。

「人は食べたものでつくられる」。古代ギリシャの自然哲学で、世界の原理や資源などを表す「Arkhē」の考えをもとに、薬膳の視点から考案されたメニューが提供されています。カフェのカウンターに薬瓶が整然と並んだ薬棚はまさに「Apothecary（薬局）」。

ルイボスティーをベースにして朝鮮人参やナツメ、ショウガ、シナモンなどをブレンドしてたっぷりのミルクと合わせた「和漢チャイ」など、身体をゆっくりと休めてくれるドリンクや旬の食材を使った定食は自分へのご褒美にも。

メニューは季節ごとにアップデートされるので、自分の心と身体を労わってあげたいときに、何度でも足を運びたくなります。

Arkhē apothecary & kitchen
アルケー アポセカリー アンド キッチン
江東区新木場 1-4-6

☎ 03-6457-0827

11:00 ～ 18:00（L.O.17:30）

休 CASICA に準ずる

le bois

青を基調とした店内。小さな森の木々の間から見える空のようです。

1 ナチュラルな色合いの植物×鉢はそのまま持って帰って飾るだけでインテリアに馴染むはず。

2 ひとつひとつの植物に目を向けられるこぢんまりとした空間。

〝小さな森〟で出合う手のひらサイズの〝一鉢〟

「教えたいけれど教えたくない。秘密基地のようなスポット」。ここを訪れた人はきっとそんな気持ちを抱くのではないでしょうか。お店の名前でもある「le bois」は、フランス語で「小さな森」を意味する言葉。扉を開けると、太陽の光がさんさんと注ぐ心地よい空間に、かわいらしい植物たちがずらりと並びます。上を見上げても横を向いても緑に囲まれたまさに森のような空間で出合えるのは、〝ふらっと寄って、パッと持って帰りたくなる植物〟。手のひらにおさまるサイズのものはもちろん、週に一回の水やりでもすくすく育つような育てやすい種類が多く揃います。

お店がイチオシする植物×鉢の組み合わせは、その多くが落ち着いたカラーで、どんなインテリアにも合わせやすく、贈り物にも人気だそうです。

le bois

ルボア

江東区三好 3-1-14

☎ ―

11:00 ～ 18:00

休 月曜（祝日は営業）

東京メトロ半蔵門線・都営大江戸線清澄白河駅（B2 番出口）から徒歩 7 分

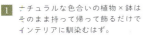

キャンドルが揺らめく洞窟で手づくりのスイーツを堪能

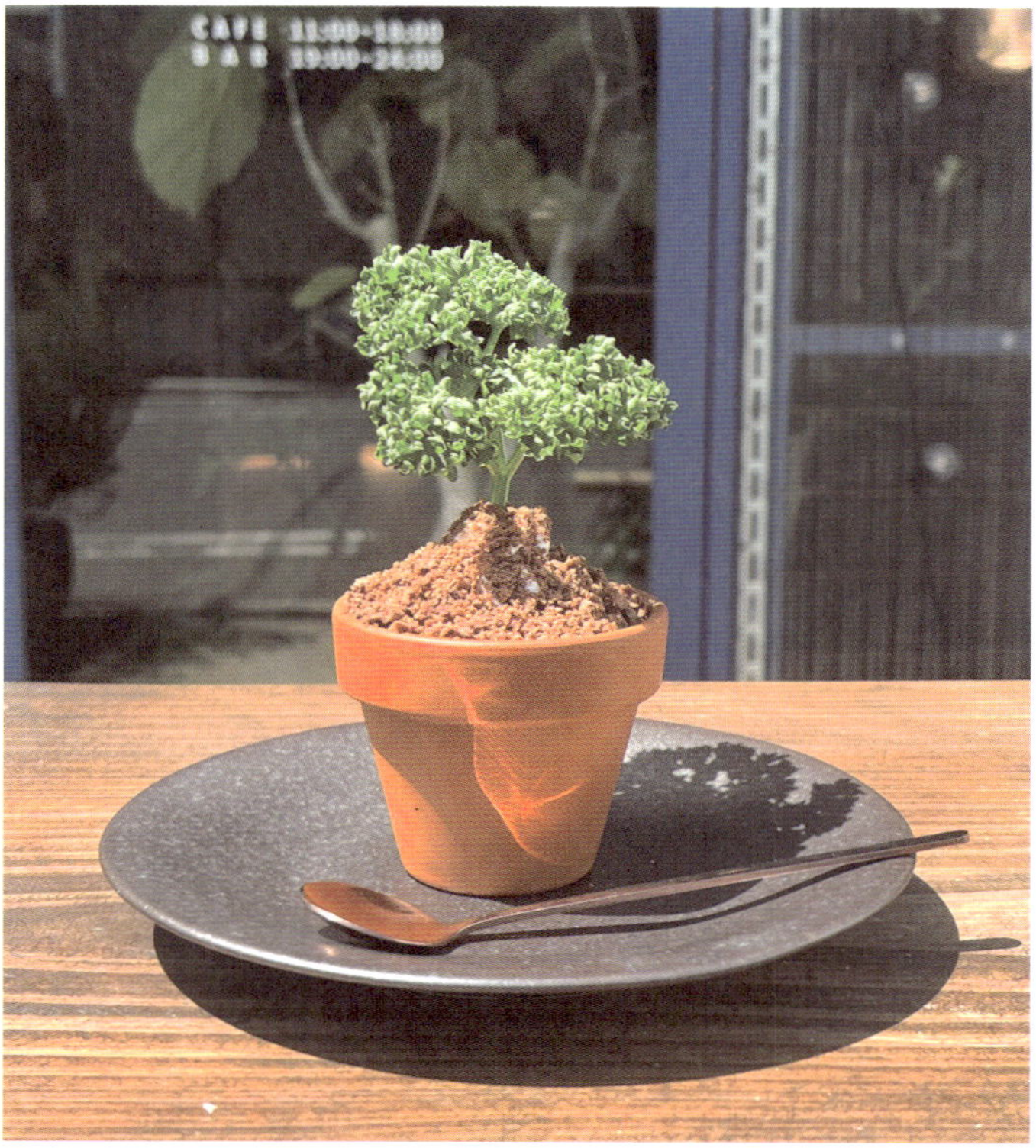

まるで「木」のような「プラントプリン」は写真映えも抜群。

″小さな森″を抜けて店内奥へ進むと、そこに広がるのは、少し趣の異なる空間。腰をかがめて中へ入ると、ぽっかりと白い壁に包まれた洞窟スペースが出迎えてくれます。キャンドルのやさしい灯りに、ゆったりとしたソファ席。そんな究極のリラックス空間でいただけるのは、店内で手づくりするスイーツやワンハンドメニュー。中でも、木の鉢と間違えそうな「プラントプリン」は見た目もお味も絶品。土に見立てたザクザクとした食感のクランチチョコレートとなめらかなプリンの舌触りの共演はクセになります。白ブドウを使って赤ワインのような味をつくったというオレンジワインなどちょっと珍しいドリンクメニューがあるところも粋。

時間を忘れて過ごしてほしいという想いから、店内には時計が置かれていない。２階にはギャラリーも併設され、個展やイベントが開催されている。

Comorebi cafe

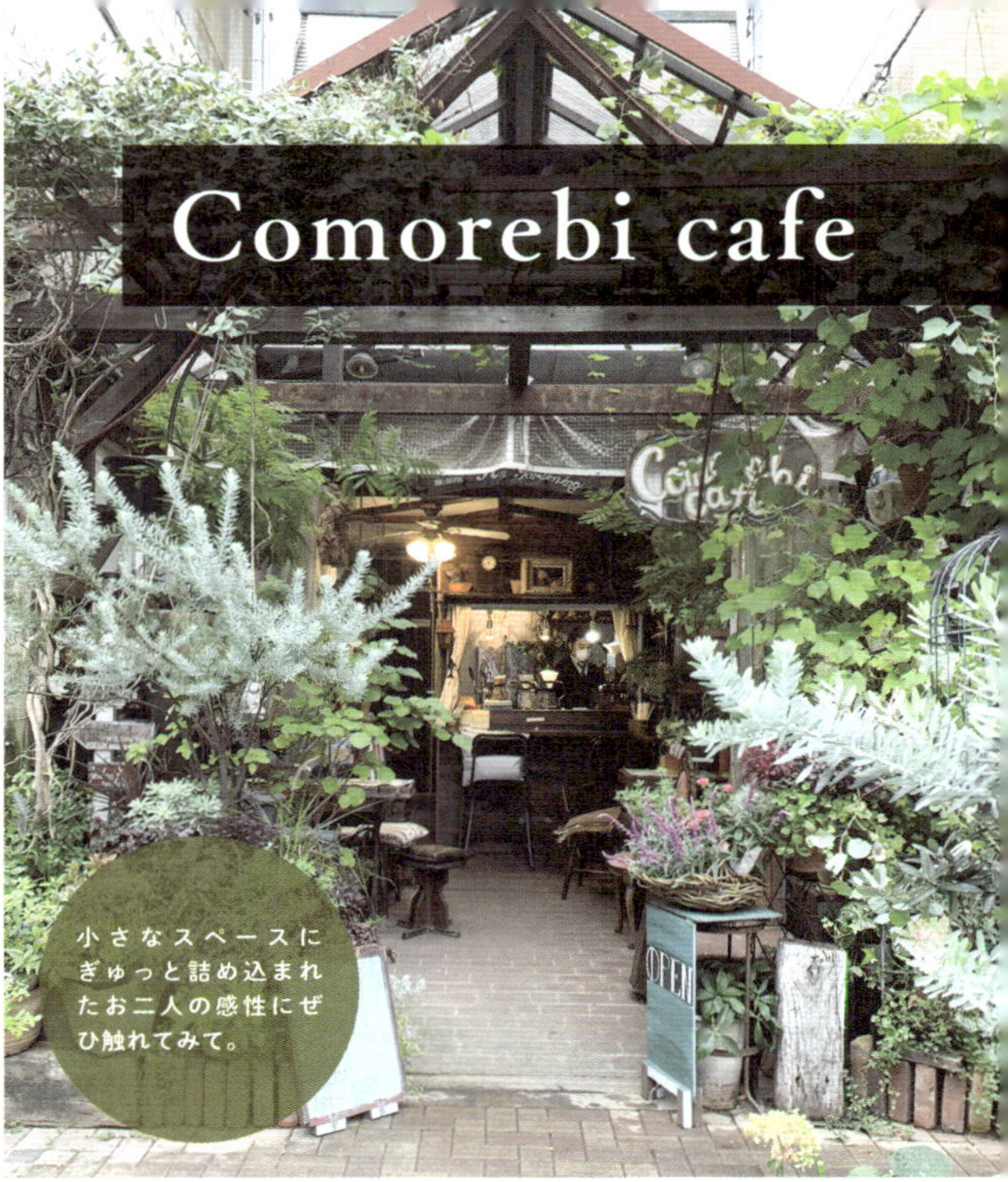
小さなスペースにぎゅっと詰め込まれたお二人の感性にぜひ触れてみて。

1 夜には幻想的な佇まいに。

2 身近な草花や緑に囲まれた、まさに“小さな森”。

隅田川沿いに突如現れる小さな森
何気ない草花に魅入られて

コンクリートのビルの合間に、緑あふれる山小屋のような空間。草花が風で揺れる様子を見ながら木漏れ日を眺めていると、ここが東京であることをすっかり忘れてしまいます。

思わず「ただいま」と言いたくなる温かい雰囲気の同店は、栗原さん親子が二人で始めたお店。20年以上お花の仕事に携わる母の紫櫻さんが、お客さんとの打ち合わせで使っていた場所をカフェとしてオープンさせました。仕入れたガーデニング用のお花を一度環境に慣らすため店頭で育てており、その空間がそのままカフェに。華美すぎない日常に寄り添うお花の魅力を五感で感じることができます。

店内には主にカフェを担当する息子の將郎さん手づくりの家具や、季節を感じ、愛でるための茶器、アンティークの雑貨なども随所に。

Comorebi cafe
コモレビ カフェ

江東区佐賀 1-1-11

☎ ―

6:30～8:00、11:00～13:00、14:00～18:00

休 不定休

東京メトロ半蔵門線水天宮前駅から徒歩 7 分
東京メトロ東西線門前仲町駅から徒歩 10 分
東京メトロ日比谷線茅場町駅から徒歩 12 分

瀬戸内レモンを贅沢に使った レモンスカッシュを味わって

ジャムと果汁、凍らせたレモンとスライスが入ったレモンスカッシュ。

緑に包まれながらいただけるのは、オリジナルブレンドのコーヒーと自家製のレモネード。酸味が少なく、苦みもしっかりと感じられるオリジナルの「コモレビブレンド」は目覚めの一杯としてモーニングタイムにも人気です。

瀬戸内産のノーワックスレモンを2〜3個使ってつくられる贅沢なレモンスカッシュは、一度飲んだら虜になること間違いなし。ホットのレモネードには、ぶつ切りのレモンと自家製のレモンジャム&果汁が入っています。最後の仕上げに、店頭で摘んだ新鮮なハーブをふわり。

レモンの種以外がすべて入っている自家製調味料の塩レモン・お酢レモンは隠れた逸品。万能調味料として店頭で購入する人も多いとか。

100年前の建物の廃材を使ったという手づくりのテーブルも味わい深い。

upstairs outdoor living

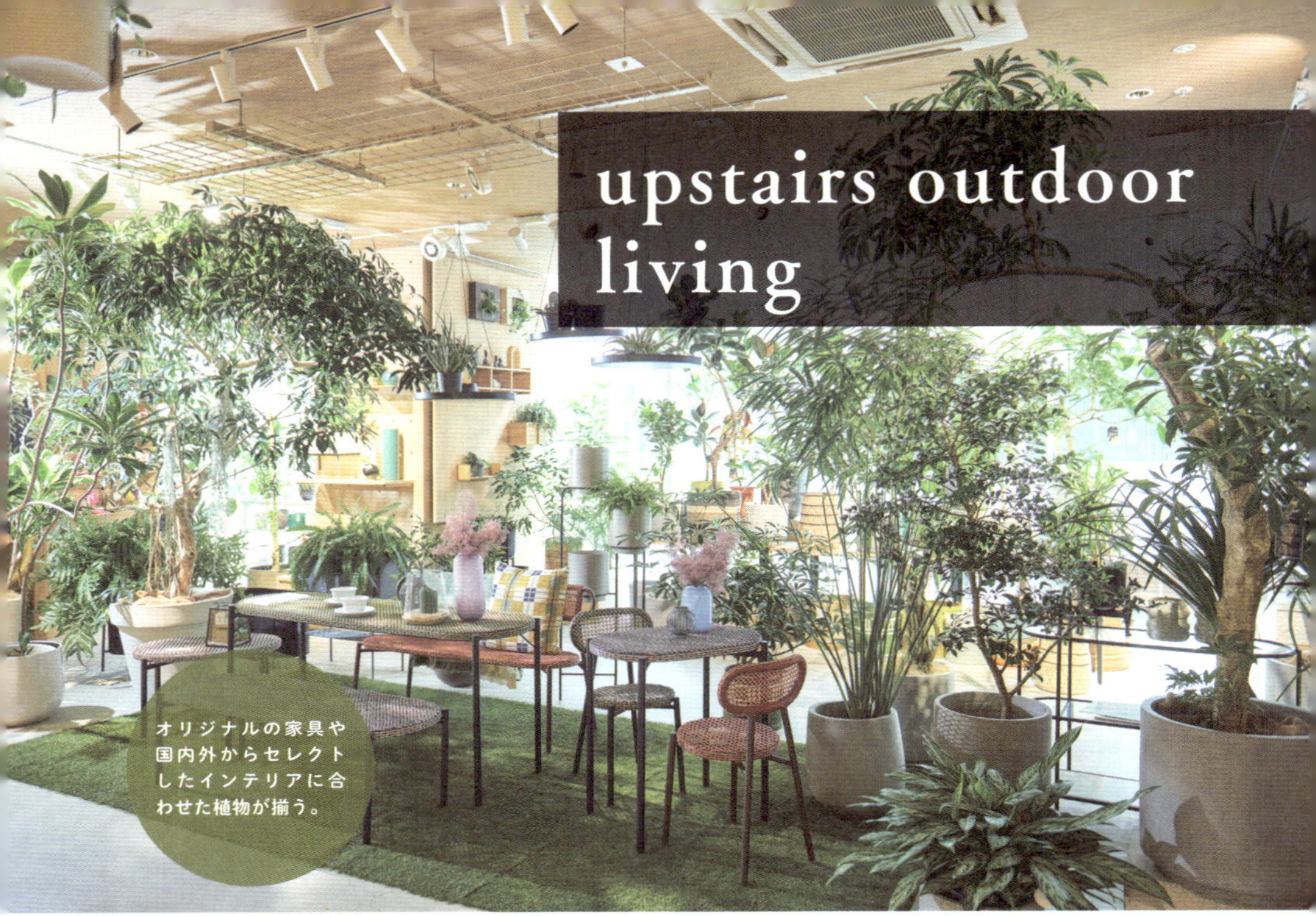

オリジナルの家具や国内外からセレクトしたインテリアに合わせた植物が揃う。

植物との生活をワンランク高めるアイテムとヒントが揃う空間

「植物と過ごす自宅の空間をとびきりスタイリッシュに彩りたい」と思っている人が、まず訪れてみてほしいのが、銀座駅から徒歩3分ほどのこのお店。「GINZA innit」の2階にある「upstairs outdoor living」は、北欧をメインとする海外のインテリアグッズを数多く取り扱うライフスタイルショップです。

約４００平米のフロアには、テーブルやソファといった家具とともに、多い時は２００種類以上の植物が。モンステラやマダガスカルジャスミン、セフリジャヤシなどパッと空間が華やぐ人気のものから、苔玉、手のひらサイズのサボテンなど、毎週新たな植物が入荷します。大きなサイズのものも常時70種類以上が揃うので、長く一緒に時間を過ごすシンボルツリーを探しているという人にもおすすめのお店です。

鉢のこだわり

部屋に置くだけで一気に垢抜ける鉢やスタンドが豊富に揃う。ロンドンからやってきた「アボカドのタネを育てるための花瓶」などユニークな花器も。

1 2 遊び心のあるサボテン形の花器からモダンなフレームのハンギングポットまで多種多様。

3 ガラス張りの2階から緑が出迎えてくれる。

海外らしい色使いが魅力
スタイリッシュなスタンドも

特筆すべきは、植物に関する雑貨の種類が豊富であること。ベルギーやドイツ、スウェーデンなどのブランドや、ほかではなかなか見かけないデザインや色使いの鉢やツールがずらりと並びます。

複数の植物を飾ることができるアイアンプランターやポルトガルの工房でつくられた植物自動給水機など、限られたスペースや時間で、植物と暮らしたいという人にうれしいアイテムも。ラグジュアリーにもモダンにも合わせやすいゴールドカラーの鉢や植物の高さを出して余白を彩るスタンド付きのポットの種類も豊富です。お部屋のトータルデザインはもちろん、生活に合わせた植物のアドバイスをもらえるのも喜ばれるポイントです。

upstairs outdoor living

アップステアーズ・アウトドアリビング

中央区銀座 7-10-1 GINZA innit2 階

03-3289-5150

11:00 ～ 20:00

休 なし

東京メトロ銀座線・丸ノ内線・日比谷線銀座駅（A3 出口）から徒歩 3 分
東京メトロ日比谷線・都営地下鉄浅草線東銀座駅から徒歩 5 分、JR 新橋駅から徒歩 5 分

IZAMESHI Dish

おいしく食べる長期保存食や素材にこだわったお料理たち

抗酸化作用のあるアスタキサンチンを含むサーモンポキボウル。

1階にあるのは、味の美味しさを追求したという長期保存食「IZAMESHI」をはじめに、素材にもこだわった「安心・安全・ヘルシー」な料理が楽しめるレストラン「IZAMESHI Dish」。イザメシの商品を選んで食べられるメニューもあり、おいしさを試して気に入ったものがあれば店頭で購入も可能です。

店内では丸鶏のローストチキンやBBQスペアリブなどのメイン料理や、国産の「富士山サーモン」を使ったサーモンポキボウル、サンドウィッチやデザートなど、バラエティ豊かなお料理が楽しめます。肉や魚を使用しないベジタリアンポキボウルなどベジタリアン向けのメニューも好評なのだそう。

IZAMESHI Dish《イザメシ ディッシュ》

中央区銀座 7-10-1
GINZA innit1 階

03-3289-5155

8:00～11:00 (TAKE OUT ONLY)
11:00 ～ 23:00 (L.O.22:00)

休 なし

葉の形や大きさ、樹形などに注目し、一点一点をゆっくりと見て回る時間が愛おしい。

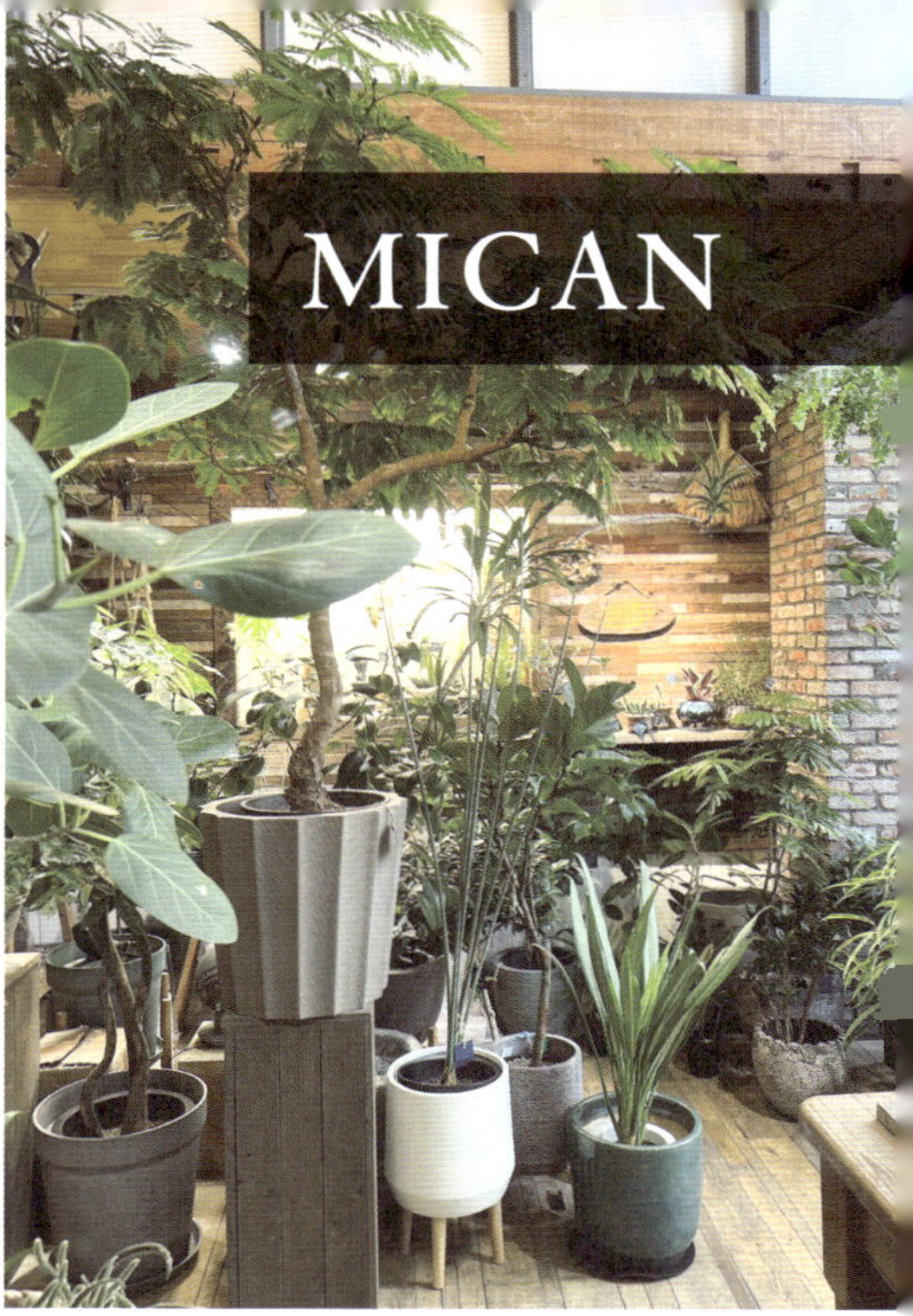

MICAN

丹念につくり込まれた説得感のある植物だけ並ぶ店

下町風情が残る門前仲町、富岡八幡宮の裏手にある複合施設「YANE」の店頭にお店を構える「MICAN」。常に変化し、〝未完〟であるからこそ美しい植物の魅力を伝えたいという想いが込められた同店は、観葉植物からお庭づくり、内装・外構まで、植物のことならなんでも相談できる専門店です。

店内に並ぶ植物はすべて、代表の細金《ほそかね》正寛《まさひろ》さんが「これは!」と感じた逸品ばかり。いわゆる規格品ではなく、職人さんがハサミを入れて、年数をかけて育てたものなので、樹形や葉っぱの大きさ、葉と葉の隙間のバランスまでもが洗練されています。本当によいものだけを、環境を整えて手塩にかけて育てているので、一点一点がまさに作品と呼べる美しさです。

植物のこだわり

店内ではさまざまな種類の育成ライトを試して、植物にとって適した環境を調べているため、植物に合わせた環境の提案も可能。

1 「metaphor_green」の陶器鉢が多数揃う。

2 焼く際の炭の当たり具合で雰囲気が変わる笠間焼の鉢。2つとして同じものがなく、手に取る楽しみもある。

3 テラスにも植物がずらり。

プロが厳選したものを
自分の目で見て、感じる時間を

お店の外にはガーデニングに使う植物がずらり。丁寧なつくりをするという生産者さんから仕入れたオリーブやデザートライム・アカシアなどが並び、お庭づくりに取り入れたいアイテムがきっと見つかるはずです。植物をより輝かせる鉢や雑貨は、ここでしか手に入らないものも。九州・御前窯窯元監修のもと、ひとつひとつ手づくりされた「metaphor_green」の陶器鉢は、機能性もデザイン性も兼ね備えた抜群の存在感を放ちます。

2階には多肉植物やエアプランツが。代表が信頼を置く千葉の農家さんから仕入れているというエアプランツはどれも質が高く、細部まで美しいのが特徴です。プロが惚れ込んだ植物を愛で、ディープな話に花が咲くはず。

MICAN
ミカン

江東区富岡 2-4-4 YANE 内

03-6458-5650

土・日曜、祝日
11：00 ～ 19：00

休 月～金曜

東京メトロ東西線・都営大江戸線門前仲町駅から徒歩5分

SORAYA

クラフトビールやワインとイタリアンの創作料理に舌鼓

パッケージがかわいいクラフトビールやカフェメニューなど。

YANEの奥にあるのは、自然派ワインやクラフトビールなどが楽しめるカジュアルなイタリアンレストラン。吹き抜けの高い天井を活かした店内は、開放的で自由な雰囲気が漂います。

ここで味わえるのは、お酒に合う創作料理はもちろん、季節のフルーツをたっぷりと使った手づくりケーキも見逃せません。ナチュラルワインや珍しいクラフトビールなども種類豊富。度数が低めのものが多いので、ランチのお供にもOK。店内が一望できるロフトの2階席のほか、天気のいい日は緑を眺められるテラス席が一番人気。

SORAYA
ソラヤ
江東区富岡 2-4-4 YANE内

☎ 03-6458-5665

ランチ 11:00 ～ 15:00
カフェタイム 15:00 ～ 18:00
(L.O.17:30)

休 夏季、年末年始

column 2

人気インスタグラマーさんに聞いた！

グリーンを楽しむアイデア集

買ってきたグリーン、実際にどう飾ったらいい？
植物の楽しみ方を発信している人気インスタグラマーさんに
いろいろなアイデアを教えてもらいました。

一軒家×リビング

DIYを取り入れた、植物のある暮らし

DIYを取り入れた植物のある暮らしを楽しんでいるキャベツの千切りさん。鉢カバーを手づくりしたり、市販品に塗装をしたりして、グリーンを部屋の雰囲気に調和させているそう。植物を育てるのは、主にリビング。各コーナーにメインの大きな植物を置き、周りにほかの植物を配置。さらに育成ライトの光を当てることで、空間にまとまりや立体感を出しているのだそうです。

額とグリーンでオブジェのように

脚の長い台に額と植物の鉢を置き、ツル系の植物をからませる。額も塗装して、お部屋の雰囲気に馴染ませている。

試験管を花瓶にみたてて

木製の試験管立ても自作。一列に植物を差して、リズミカルな雰囲気に。

鉢がテーブルに早変わり

ヒノキでつくられたプランツテーブルを鉢にのせるだけで、サイドテーブルに。鉢カバーも自作し、床と同じ色に塗装している。

教えてくれたのはこの人！

キャベツの千切りさん

@kyabetsunosengiri

マンション×リビング

育成ライトを固定しているスタンドは、メルカリでサイズオーダーしたもの。

ベーシックカラーのインテリアに植物が映える

光の入りやすいリビングで植物をまとめて育てているかいさん。過ごす時間も長いので、お世話もしやすく、ちょっとした変化に気づきやすいそう。同じ部屋のなかでも、原産地や植物の特徴別に置き場所を変えてあげることで、必要な光の強さや水やりの頻度が同じくらいの植物でまとめることができるので、管理が楽になるのだとか。

キャビネット上にぎっしり並べる

小ぶりな多肉植物や塊根植物は、小さい鉢を前後2列にし、後列の植物を木の板などに載せて高さを出すと見栄えがよくなる。

教えてくれたのはこの人!

かいさん

@botanical_vlog

ビカクシダとエアプランツを壁かけ

レールにS字フックをかけて。ビカクシダは、板付きのものが初心者にはおすすめ。

物語のなかのような雰囲気

子育てに少し余裕がでてきたころから植物を楽しむようになったというmayuさん。植物園のようなお部屋は、高低差や奥行き感を意識してグリーンを配置。分散させて植物を配置することで、日光が室内に木漏れ日のような影を落としてくれます。ヴィンテージのアートやオブジェを植物のあいだにちりばめるようにレイアウトすることで、幻想的な雰囲気のお部屋に。

緑に埋もれて読書

天井や壁付けの棚からのハンギング、床上の中〜大型鉢など、デスクを囲むように配置。

一軒家×リビング

本棚の周りにグリーンを散らして

壁や天井、スツールの上などにグリーンを配置。つる植物用のサポートチェーンを壁付け照明にかけてポトスを巻きつけ、立体感を出している。

教えてくれたのはこの人!

mayuさん

@mayu__home1023

マンション×ベランダ

ベランダを小さなお庭に

マンションにご家族4人で暮らすぴーちゃんさんは、ベランダガーデニングを満喫中です。「ヨーロッパの田舎のような雰囲気を目指しています」という、ベランダとは思えない景観。室外機にはカバーをかけたり、収納グッズでうまく隠したりと、生活感をカモフラージュしつつ植物を飾るテクニックはすぐ取り入れられそう。

木箱を重ねて花棚に

木箱を2つ重ねるだけ。紙袋のような鉢はフィルムプランター「tamakara」。

緑化マットでベランダ花壇

ポリプロピレン製のマットに根が絡むことで植物が成長できるという。

ベンチでお洒落に目隠し

白いベンチの中にガーデニング用品を収納。

教えてくれたのはこの人！

ぴーちゃんさん

@pichan_desu

一軒家×リビング

適材適所でグリーンを堪能

戸建て住宅購入をきっかけにグリーンのとりこになったというAkiraさん。「植物ひとつでこんなにも家の雰囲気が変わるんだ」と驚きがあったのだとか。お庭のほか、リビングでほとんどの観葉植物を育てているそう。「玄関や寝室など、風通しや日当たりがよくない場所には、庭で育てた植物を奥さんがドライフラワーや切り花にして置いています。雰囲気が明るくなります」。

ソファからの眺めを重視

ソファで寛ぐときに一番眺めがよくなるように観葉植物をレイアウト。梁に張ったワイヤーにエアプランツをかけ、空間に立体感を。

教えてくれたのはこの人！

Akiraさん

@botanical.0715

植物が育ちにくい場所には、ドライフラワーや切り花を

玄関やキッチンにドライフラワーや切り花、枝ものを飾る。スツールや床に置いた花瓶、壁掛けの額と合わせてナチュラルな雰囲気に。

一軒家×リビング

教えてくれたのはこの人！

みどさん

@mido_botanical

古道具とナチュラルテイストを取り入れ、和める雰囲気に

古い木製のはしごに板を渡してグリーン棚に。

古道具×ナチュラル×DIY

古い道具と DIY を取り入れて植物を楽しむみどさん。昔の道具が大好きで、桶やお米をはかる枡《ます》、ホーローを鉢カバーにしたり、古い木の台に植物を飾ったり。いつも「これ何に使える？」と考えているそう。意外と実家に眠っていたりすることも。空間づくりのコツは、全部を古いものにはしないこと。「新しいバスケットも鉢カバーに使ったり、ナチュラルな雰囲気と古いもののバランスをみながら配置しています」。

つるの葉がこぼれ落ちる様を楽しむ

「つるを伸ばしながら鉢から葉がこぼれ落ちていく姿が堪らなく好き」というSunoさん。「ツル系植物ばかり育てているというだけあって、棚全体がアートのよう。同じ「ポトス」「スキンダプサス」でも品種は多く組み合わせを考えるのも楽しい。同系統の品種でまとめるか、葉の色味を統一させるとまとまりが出るそうです。

マンション×リビング、洗面台

色々な模様の葉を組み合わせる

洗面台横のつくり付けの棚にツル系の鉢と水挿しをレイアウト。大理石柄の小物入れを合わせ洗練された雰囲気に。

ラックを植物で埋めて

光沢感のあるオブジェと葉との質感の違いがポイントに。

教えてくれたのはこの人！

Sunoさん

@suno___yuka

一軒家×植物専用部屋

100円で水質を改善

水耕栽培時の根腐れ防止にはゼオライトという資材が便利。

教えてくれたのはこの人！

くりとさん

@kuritojp

殺虫液を使わないコバエ対策

購入時から土の上の方に潜んでいるコバエを駆除するため、上から3センチほどの土を剥がして。

園芸店員によるお悩み解決法

観葉植物の育て方を発信しているくりとさんは、園芸店勤務。自宅に植物だけのお部屋を設けるほどの植物好きです。空間づくりでは全体に光があたるように剪定したり、高低差をつけてレイアウト。また、植物の育成に必要な光合成の効率を上げるには、サーキュレーターが便利。きれいな葉を保つためには湿度も重要で、葉水するときは、新芽にも与えると有効なのだそう。

PERK SHOP

グリーンショップとカフェスタンド、建築士事務所を兼ねている店内は無駄のない洗練された空間。

1 育てやすいものやユニークな多肉植物など一点一点厳選されたラインナップ。

2 植替えの相談にも気軽に応じてくれる。

3 じょうろなどのアイテムもセンスのいいものばかり。

街にとけこむ“出合いの場”
フレッシュな植物と体験を

押上の東京スカイツリーからほど近く。緑あふれる公園を背に、街に溶け込むように存在する「PERK SHOP」は、建築家の八田《はった》祐樹《ゆうき》さんと植物やコーヒー部門を担当する春菜《はるな》さんご夫婦が営む、ライフスタイルを提案するお店です。以前は自動車板金塗装工場だったという個性的な建物をリノベーションした開放的な店内には、活き活きとした観葉植物が並べびます。

春菜さんの感性で選んだものだけを仕入れているという植物はサイズや価格が手ごろなものが多く、どれもお部屋に置いて存在感を感じるものばかり。フィカス、モンステラ、アロエ、サボテンから初心者でも手を伸ばしやすいビザールプランツやベランダ向けのハーブまでが揃い、初めてでも選びやすいのが魅力です。

空間のこだわり

「街の人たちが気軽に立ち寄れる建築事務所をつくりたい」という想いがあった八田さんご夫婦。板金塗装工場だったこの物件の雰囲気を活かしつつ、手前のカウンターと奥のデスクを同じ高さにすることで、入口から奥まで開放感のある設計にしているそう。

1 2 作家による一点ものの植木鉢や花瓶も注目。

3 ふらっと寄りたくなるカジュアルな店内。なお、お店は12月中旬に建て替えのため近隣エリアへ移転、その後2026年頃にリニューアルオープン予定。

アートや建築が交ざり合う カルチャーの発信地

店名の「PERK」という言葉には、親水公園沿いにお店があることに加え、〝明るくなる〟、〝元気にさせる〟という意味合いも。植物やコーヒーだけでなく、アートや建築などが集う複合的な場所にしたいという想いから、あえて「SHOP」という言葉が添えられています。その言葉が表すように、店内にはワクワクする発見や出合いが随所に。お店の存在をきっかけにうまれたアーティストとのコラボレーションアイテムや個展などのイベントもまた、ここでしか味わえない体験のひとつです。

かわいらしい印象のものだけでなく、ゴツめのものやトゲのある植物もセレクト。

PERK SHOP

パーク ショップ

墨田区太平 1-1-6

☎ ー

水・木・日曜　10:30 ～ 17:30
金・土曜　12:30 ～ 19:30

休 月・火曜

JR総武線・東京メトロ半蔵門線
錦糸町駅から徒歩10分
押上駅から徒歩15分

厳選されたコーヒーを片手に植物を愛でる至高のひととき

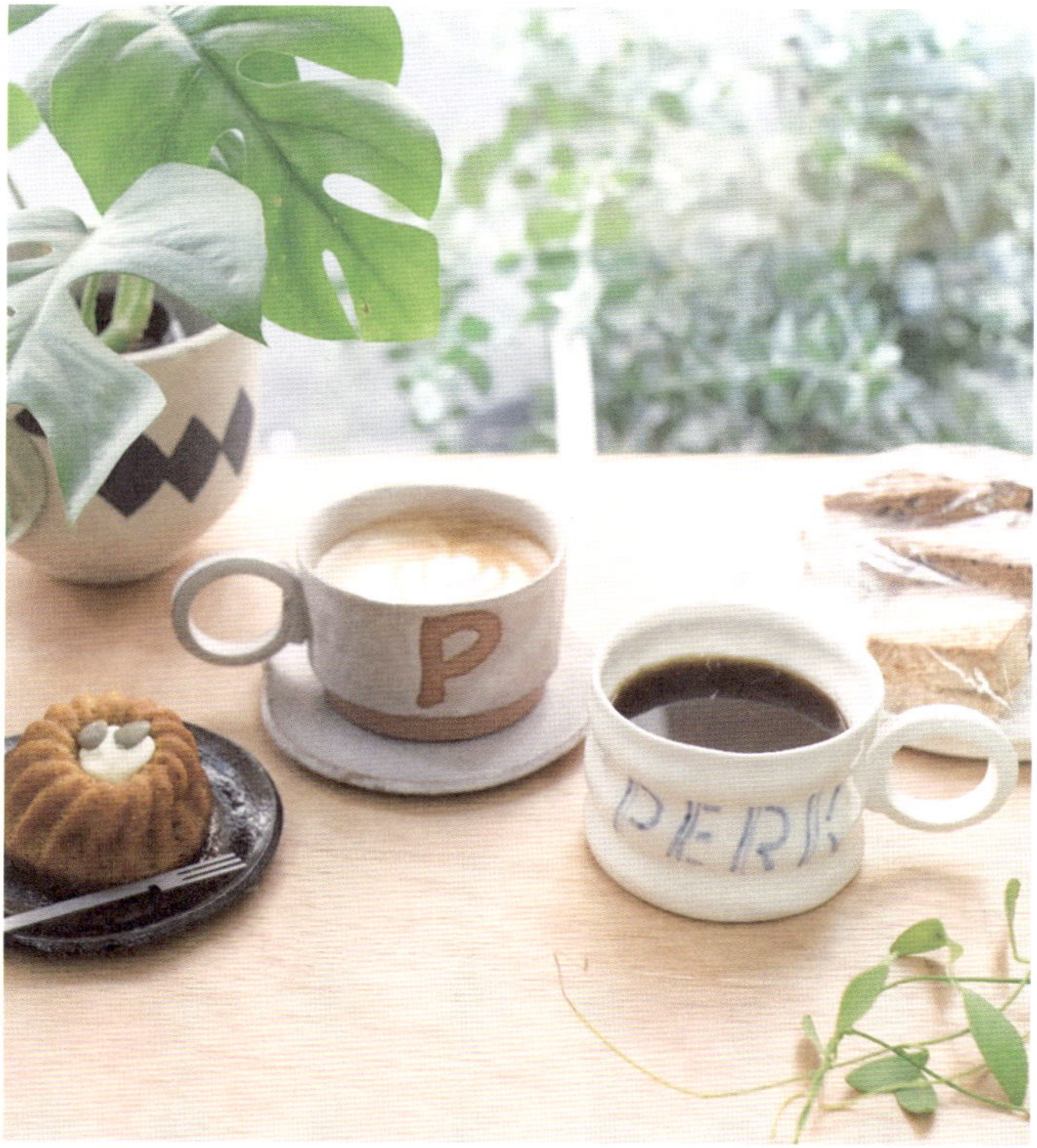

PERKオリジナルのカップでいただくカフェラテやコーヒーは格別。

一枚板のカウンターでは、厳選された香り高いコーヒーやほっとするスイーツを。植物に囲まれた空間で、のんびりベンチに座って楽しむことができます。

「日々に寄り添う定番の味わい」をテーマに制作されたPERKブレンドは、中煎りのほどよい苦みとコクが特徴。エチオピアとタンザニアの豆がバランスよくブレンドされており、柔らかな甘味と香りを楽しむことができます。人気のメニューはカフェラテ。お店と緑のあるロースタリーから届くシングルオリジンのコーヒー豆は不定期に変わるので、訪れるたびに楽しみがあります。マフィンやオートミールクッキーなどその時々で変わるスイーツにも注目◎。

「PERK」と書かれたえんじ色の看板が目印。

anvers Blucca

18時以降は緑に包まれた空間をレンタルスペースとして貸し出しも。

1 画になる“ビジュアルが美しい”植物をメインに取り揃えているのだとか。

2 鮮やかな青色の外装が目印。店内ではブランドポップアップやライブなども定期的に開催される。

お部屋で真似したくなるアイデア満載 吊るして画になる植物の世界

もともと倉庫だったというコンクリート打ちっぱなしの空間に、木のぬくもりと目の覚めるようなブルー。天井のアイアンサークルからは、ビカクシダやタマシダ、ペペロミアなどが、シャンデリアのように垂れ下がっています。フランスの街の名前から付けたという「anvers」にブルーの色合いを表す「blucca」。店内を歩くだけでも、植物を部屋に飾りたくなるアイテムやアイデアに出合うことができます。

植物を空中に浮かせて飾るハンギングアイテムは種類豊富。ふらっと寄っても持ち帰ることができるミニサイズの植物もたくさんあるので、おさんぽがてらお出かけしたくなるお店です。元気のない植物を預かるホスピタルゾーンや植物のサブスクなど便利なサービスがあるところもうれしい。

anvers Blucca
アンヴェール ブルッカ

台東区寿 3-5-9

03-5246-3930

11:00 ~ 17:30

休 月・火曜

都営大江戸線蔵前駅から徒歩 1 分
浅草駅から徒歩 10 分

feb's coffee & scone Blucca 店

焼きたてスコーンとコーヒー
レトロな〝濃い〟プリンも人気

昔ながらの固めのプリンにホイップクリームたっぷりがうれしい。

同じ空間にやさしく寄り添う「feb's coffee & scone」では、焼きたてのスコーンと自家焙煎のコーヒーに舌鼓を。毎日お店で焼き上げているというスコーンは、ナッツやチョコがゴロゴロと入った、ボリューミーだけれど素朴な味わいです。

ドリンクとスコーンがセットになったモーニング限定メニューには、クロテッドクリームや糖蜜をたっぷりつけて。苦味と華やかさもあるフェブラリーブレンドのコーヒーにもよく合います。黄身の濃い卵でつくられる固めの「焦がしカラメル濃厚プリン」やアイスがまるまる一つ載ったクリームソーダも隠れた人気メニューなんだとか。

feb's coffee & scone Blucca 店

フェブズ コーヒー アンド スコーン ブルッカてん

台東区寿 3-5-9

☎ 03-5830-3058

8:30 ～ 17:30 (L.O. フード 17:00 ／ドリンク 17:30)

休 なし

ex. flower shop & laboratory KURAMAE

ホステルのカフェラウンジの一隅を鮮やかな花々がシックに彩る。

新しさとなつかしさが共存する クラシカルな空間とお花たち

世界中から集まった観光客や地元の人々で賑わうホステル「Nui.」。その1階にあるカフェラウンジの隅に、ひときわ目を引く華やかな空間があります。experience=体験とexperiment=試みを意味する言葉の頭文字である「ex」を店名に掲げたこのお店。「花屋にとっての当たり前を今一度、試行錯誤し、花と向き合う」という想いが込められています。

ヴィンテージ調のテーブルの雰囲気に合うグリーンや枝ものはもちろん、「カフェラテ」という種類のバラなどクラシカルな雰囲気をまとう深みを帯びたカラーのお花もたくさん。一輪一輪の花が美しく見えるよう、色味や質感をバランスよく組み合わせることで、一味違う印象深いブーケに仕上げています。

植物のこだわり

「Nui.」の開放的な雰囲気に合わせて店内を装飾。なるべく長持ちするようにと国産の花など産地にこだわって仕入れているという。

1 どんな花にも合わせやすいシンプルな花瓶の販売も。

2 3 花の一輪一輪の佇まいを意識して選定しているそう。

小花を交ぜ合わせてつくる 印象深いブーケが魅力

ex. flower shop & laboratory KURAMAE

イクス フラワー ショップ アンド ラボラトリー クラマエ

台東区蔵前 2-14-13
Nui. HOSTEL & BAR LOUNGE内1F

03-4400-6885

金～日曜 11:00 ～ 19:00

休 月～木曜

都営大江戸線蔵前駅（A7 出口）から徒歩 3 分
都営浅草線蔵前駅（A2 出口）から徒歩 3 分

ホステルのカフェラウンジの一角にあるというだけに、お店を訪れるお客さんも地元の方から観光客までさまざま。「このお店でブーケをつくりたい」という声も年々増えているのだそう。月に1度、不定期で開催するワークショップも好評です。

蔵前店は、金土日の「週末だけオープンするお花屋さん」なので、なんといってもねらい目は金曜日の夜。不思議な魅力を醸し出すくすみ系の色味などのちょっと変わった花や可憐な印象の花などシックな雰囲気をたっぷりと味わうことができます。その場でブーケを束ねてもらって、大切な人にプレゼントするのも粋。生花以外にも、玄関などにそのまま飾れるドライフラワーのスワッグや雑貨も豊富です。

Nui. HOSTEL & BAR LOUNGE

世界中から集うゲストと共に人気店のカレーとコーヒーを

カレーはさっぱりとした自家製の副菜４種と野菜のサンバル付き。

海外からのゲストが多く滞在するホステルのラウンジは、昼間はカフェ、夜はバーダイニングとして営業しています。ブランチにいただきたいのは、やや酸味のある味わいが特徴の自家焙煎のコーヒーと心と身体においしいメニュー。東京駅八重洲地下街発祥の人気店「エリックサウスカレー」のチキンカレー（時期により副菜や具材は変更）はランチにも人気です。

カフェタイムには、自家製のケーキも外せません。フロスティングクリームにレモンを効かせることで、一段と爽やかな印象を引き出したキャロットケーキやクッキー生地にタイムを入れたチーズケーキはチャイやコーヒーにもよく合います。

Nui. HOSTEL & BAR LOUNGE《ヌイ ホステル アンド バー ラウンジ》

台東区蔵前 2-14-13

03-6240-9854

モーニング・ブランチ
8:00 ～ 13:45
カフェタイム 8:00 ～ 18:00
ディナー 18:00 ～ 22:00
バータイム 18:00 ～ 24:30
(L.O.24:00)

休 不定休

Aki's Garden

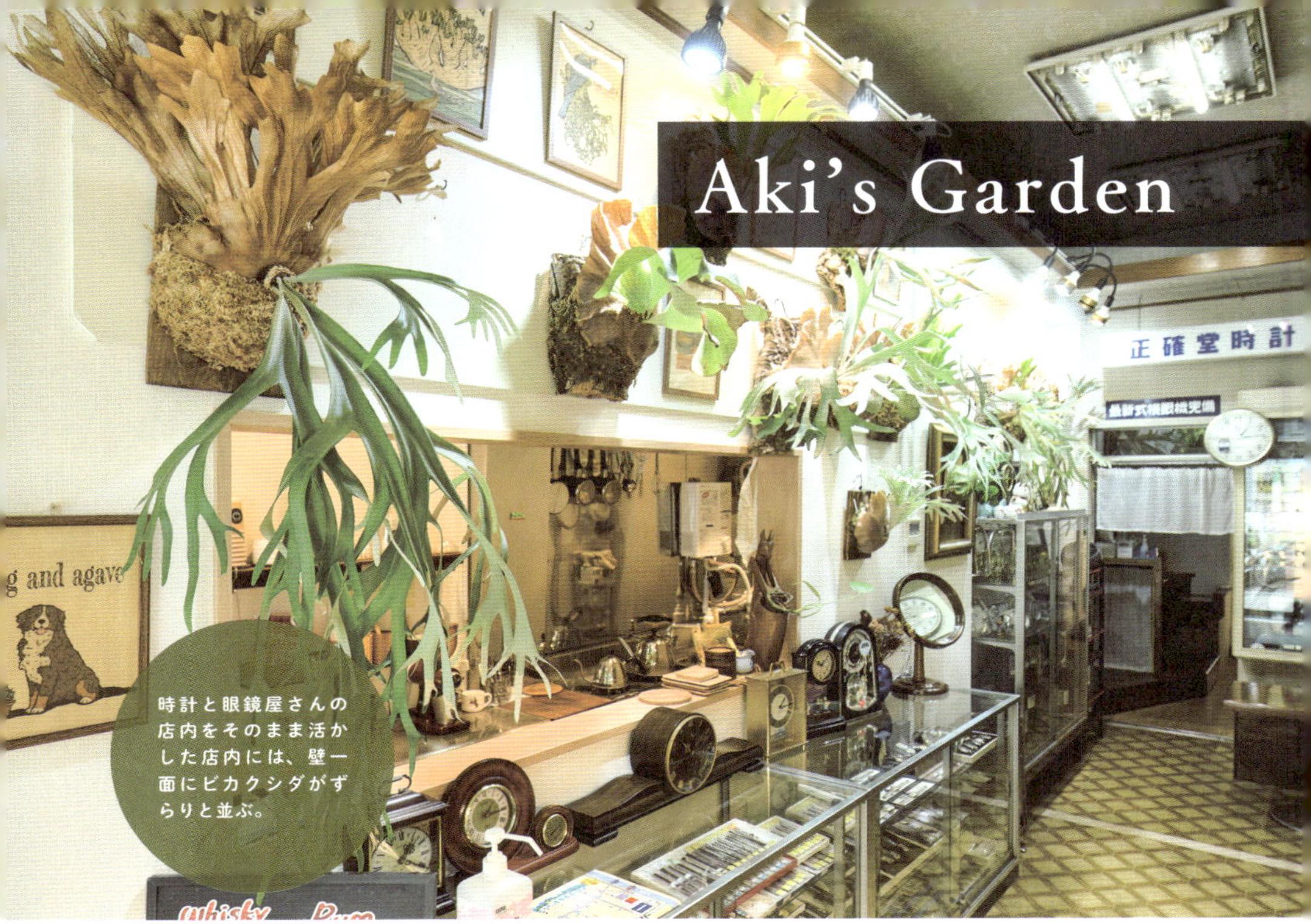

時計と眼鏡屋さんの店内をそのまま活かした店内には、壁一面にビカクシダがずらりと並ぶ。

80品種以上がずらりと並ぶ ビカクシダに〝ハマる〟場所

私が初めて「ビカクシダを買いたい」と思ったのは、このお店の店主・安藝《あき》勇人《ゆうと》さんとお話をした時でした。祖父母が営んでいた時計屋さんをそのまま活かしたという、昭和の趣が残るレトロでどこか不思議な空間には、常時80品種以上のビカクシダが。生産から仕立て、販売、相談までを行っているという〝マニアも集う専門店〟です。

店内奥にはビカクシダ専用の空間があり、壁にはさまざまな品種の親株がかかっています。ソファに座って立派なビカクシダたちをゆったりと眺め、勇人さんと話をするのも楽しい時間。1000株以上あるポット苗は勇人さん自身が親株の胞子から育てたもの。人気品種になると子株販売は1年待ちということもあるのだとか。

植物のこだわり

店内奥のビカクシダ専用エリアにはお客さんも入ることができ、培養の様子や成長過程も含めて楽しむことができる。同じ胞子から蒔いたものでもひとつとして同じ形状にはならない、ビカクシダの面白さも実感できるはず。

1 油絵をやっていたお祖母さんの額縁にビカクシダを飾るなど、飾り方のヒントも随所に。

2 3 一株一株丹精込めて育てられたビカクシダと個性的な多肉植物たち。

初心者からマニアまで 手厚いケアがうれしい

お店に入った手前の空間には、サボテンやユーフォルビアなどの多肉植物も。ディッキアなどの珍しい品種も店頭に並ぶことがあるので、多肉好きにも好評だそうです。

店内奥では小さいサイズがかわいい人気の品種「ジェイドガール」などの親株のほか、胞子培養で育てられた子株が収納ケースや保存容器いっぱいに置かれています。毎週土曜にはビカクシダの板付けワークショップも開催(要予約)。ビカクシダのいろはからアフターケアまで勇人さんが丁寧に対応してくれるので、もともとビカクシダが好きな人にはもちろん、「ちょっと興味があるけれど、どうやってはじめたらいいか分からない」という人にもおすすめしたいお店です。

Aki's Garden
アキズ ガーデン

墨田区吾妻橋 2-3-14

☎ ー

月～木曜 9:00 ～ 15:00
金曜 9:00 ～ 21:00
土曜 10:00 ～ 22:00
祝日 10:00 ～ 16:00

休 日曜

浅草線 本所吾妻橋駅より徒歩 1 分

昔懐かしい空間で
自家製ドリンクに癒やされる

新鮮なフルーツがたっぷり入った自家製フルーツビネガー。

店内のカフェスペースでは、バーで働いていた経験を持つ弟の勇樹《ゆうき》さんが丁寧につくるドリンクメニューを。近所の果物屋さんから仕入れる旬のフルーツをたっぷり使用した自家製のフルーツビネガーから、しっかり抹茶を感じられる抹茶オレまで、約15種のドリンクメニューが提供されています。人気のコーヒー「あき's ブレンド」の味わいはややロースト強めの下町風。ガムシロップにバニラエッセンスを加えたオリジナルシロップ入りのキャラメルマキアートは、上品で丁寧な味わいです。

金・土曜はウィスキーバーとしても営業していて、200本以上のコアなラインナップから好きな一杯を飲むこともできます。

眼鏡や時計に囲まれた不思議で心地よい空間に、ゆったりとした8席。

草まくら

店名は根津に所縁のある夏目漱石の小説『草枕』から。ロゴのモデルは店主の川村さん。

モノトーンな空間に レトロ＆モダンな植物が勢揃い

下町とモダンが融合する街、根津。駅から歩いてすぐにお店を構える「草まくら」は、街のイメージをそのまま体現したような懐かしさと新しさが共存する不思議な魅力を放つお店です。白と黒で統一されたモノトーンな店内では、キャンバスの役割を担っている白い壁に植物の緑が映え、葉っぱの形や動きがより鮮明に映ります。

可能な限り仕入れた植物を植え替え、リサイクル繊維でできたSDGsで機能的な土とモノトーンな鉢に植え替えることで、植物をよりおしゃれで健やかに着替えさせています。弱冠25歳という店主の川村さんは50年以上続く生花店の跡取り息子。お店づくりをするうえで軸になっていたのは、かつて伯母さんが営んでいた喫茶店と観葉植物が一緒になったお店だったといいます。

1

2

1 変わった形のホワイトゴーストやエアプランツも人気。

2 ビカクシダやエアプランツの種類も多数。「繊維から生まれたサステナブルな土」など厳選された植物に関する雑貨の販売も。

草まくら
くさまくら

文京区根津 2-16-9

☎ 070-3340-2844

11:00 ～ 18:30 ※日によって前後する場合もあり

休 不定休

東京メトロ千代田線根津駅から徒歩 2 分

竹炭入りのオールブラックな絶品ドリンクを片手に

竹炭を使った黒色の「墨レモンスカッシュ」。ドリンクには白黒のクッキーを添えても◎。

波打つ葉がアートのようなスペルバム、ゾウの耳にも似た胞子葉を持つエレファントティスなど人気のビカクシダや80年代を感じる南国感のある植物が並ぶ店内には、ベンチシートとテーブル席も。6席ある喫茶処では、竹炭が入ったオールブラックなドリンクを楽しむことができます。

メニューは「墨珈琲」と「墨カフェ・オレ」「墨レモネード」「墨レモンスカッシュ」の4種。珈琲は店主が惚れ込んだ代々木の「HIDEAWAY」の焙煎豆を使用し、飲みやすくて理想的な一杯に。爽やかなレモンスカッシュは、白と黒のコントラストも楽しめます。ミネラルたっぷりでヘルシーな竹炭による色合いと、その見た目からは想像がつかない感動のおいしさをお試しあれ。

ペットフレンドリーな店内。ベンチに腰かけて、植物を眺めながらドリンクを楽しめる。

ROUTE BOOKS

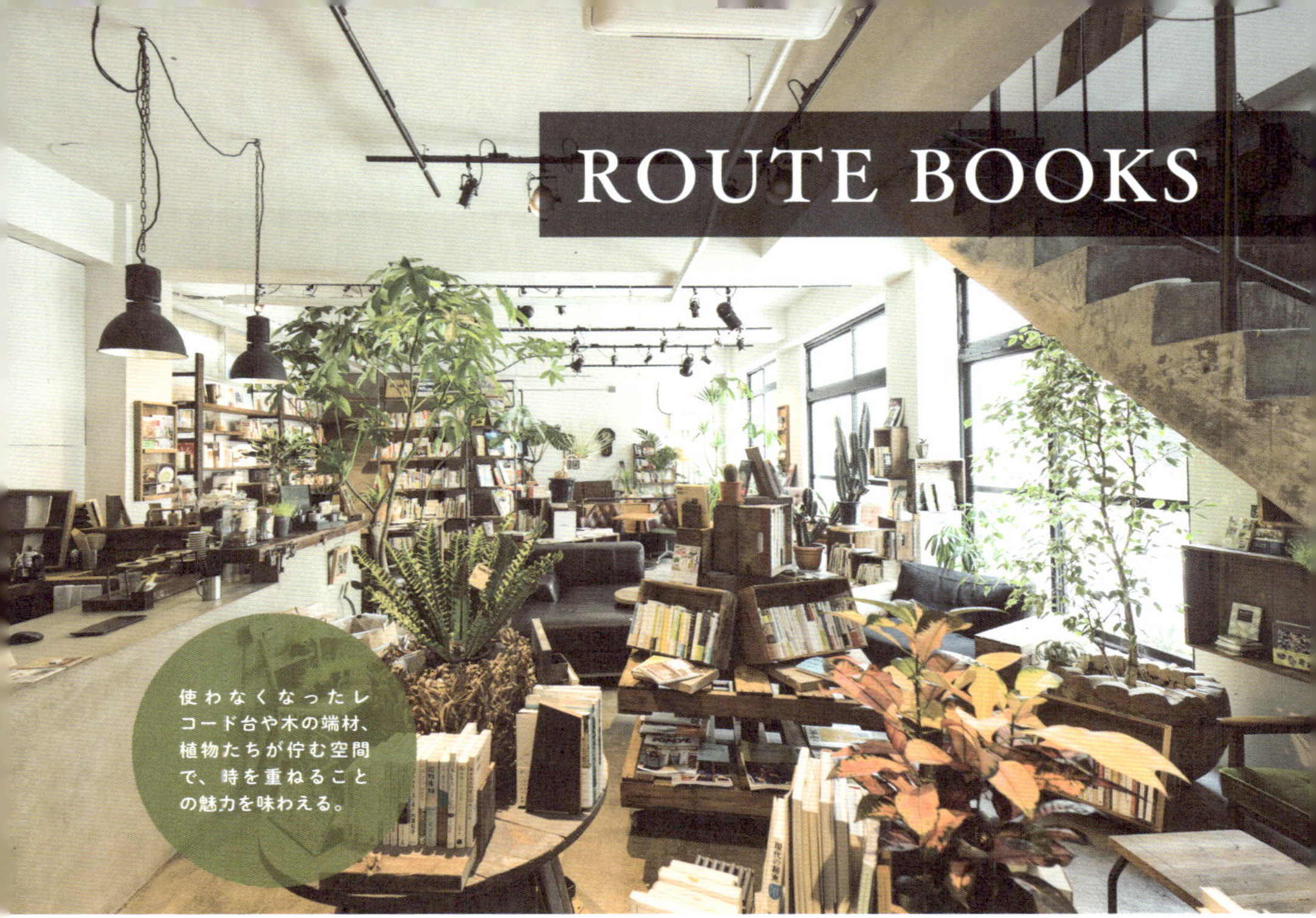

使わなくなったレコード台や木の端材、植物たちが佇む空間で、時を重ねることの魅力を味わえる。

ありのままがかっこいい 野性味あふれる植物に出合える場所

飾らず、つくりこまず、〝そのまま〟が最終的に一番グッと来る。そう改めて気が付かせてくれる場所が、上野駅から徒歩3分ほどのところにお店を構える「ROUTE BOOKS」です。10年以上使われていなかった工場をそのまま生かした施設内には、植物以外にも本、パン、カレー、陶芸を楽しめるエリアも。

個性的な雰囲気を醸し出すボタニカルショップでは、熱帯、亜熱帯の植物を中心に、存在感のある樹形のものが多く並びます。野性味あふれるシダ植物やもこもこと岩のように育つ岩石獅子、幹のトゲトゲがクールなトックリキワタから、あえて鉢植えにされたわさわさ感がたまらないコウモリランまで。丸太をくり抜いた鉢カバーなどの雑貨も扱われています。〝自然体でかっこいい〟植物たちが空間を埋め尽くしています。

空間のこだわり

「コミュニティが成立する空間づくり」を得意とする工務店YUKUIDOが手掛けた複合空間「ROUTE COMMON」には、グリーンショップのほかに本屋、ギャラリー、パン屋が集まる。さまざまな思考や嗜好を持つ人が出会う場となっている。

3

1

4

2

1 2 サボテンや多肉植物のほか、ドライガーデン用やオージープランツなど屋外向けの植物も。

3 都会の街に溶け込むヤシの木が印象的。

4 使われなくなったレコード台も渋みがある。

時を重ねることの魅力を存分に味わえる空間

使わなくなったものや家具をつくる際に出た端材、そして植物がつくりだす店内の雰囲気は、まさに唯一無二。天井からは、自然にうみだされたアートのような流木が吊り下げられ、時を重ねるからこその尊さを感じさせます。サビすら美しく感じる什器、朽ちた木が醸し出すかっこよさ。その空間に、もともと生えていたかのように並べられる植物は、どれも媚びることなくそれぞれのスタイルを放っています。

ボタニカル部門を担当する松井孝太さんにオーダーをすれば、ヒアリングを経て、イメージにあった植物を市場で直接買い付けてくれたり、購入後のメンテナンスなど手厚いサポートを受けることもできます。ここでしか見られない植物の姿をぜひ味わってみて。

ROUTE BOOKS
ルート ブックス

台東区東上野 4-14-3
Route Common1 階

☎ 03-5830-2666

12:00 ～ 19:00

休 不定休

上野駅から徒歩３分

パンとコーヒーと
週末だけ味わえる本場カレー

パクチーなどの野菜にお肉、インドのお米を混ぜていただくビリヤニ。

さまざまな要素が共存する施設内には、人気のパン屋さん「ROUTE Pain」や金土日だけオープンする「ROUTE CURRY」も。パン屋さんの店内には、もちもち食感がたまらない塩パンやお肉屋さんのオリジナルスモークが薫り高いベーコンエピなど手づくりのパンがずらりと並びます。

週末には2階で南インド・タミルナードゥ州の家庭料理をベースとしたカレーやビリヤニをいただくことができ、土曜の夜にはティフィンディナーも（要予約）。書店内ではコーヒーやソフトドリンク、クラフトビールも提供。入手できた時だけメニューに並ぶ徳之島産のバナナを使ったスムージーも外せません。

書店内ではコーヒーや手づくりのお菓子、パンのイートインも可能。

column 3

植物好きにおすすめのボタニカルスポット②

北欧の湖畔のような川辺の公園カフェ

かつて江戸への入口として賑わっていた東大島の「旧中川・川の駅」。
東京にいながら本場スウェーデンの空気を感じられるカフェをご紹介します。

江東区大島 9-10-6　旧中川・川の駅 にぎわい施設
9:00 ～ 17:00（金曜のみ～ 22:00）　休 なし　@ater_tokyo

ÅTER TOKYO

オーテル トウキョウ

リナムやワイルドストロベリー、千日紅のファイヤーワークスなど、地域の人たちと共に植え、育ててきたという草花たちが咲き誇る川岸にある憩いのカフェ。スウェーデンのコーヒーブレイク「FIKA（フィーカ）」の文化を伝えたいという想いでつくられたこのお店では、スウェーデン人スタッフがつくるカルダモンロール、リコリスラテなどの本格的な焼き菓子や手づくりパンなどをいただけます。

地元の人々に支えられる庭

店舗の前にある小さなガーデンでは月に1度、誰でも参加できる球根や種を植える活動を行っています。お花のワークショップやスウェーデンのお祭りにちなんだイベントなども多数。

休日には旧中川でカヌーを楽しむ人の姿も。開放的で自由な雰囲気はちょっとした小旅行気分を味わえます。

本場の味で「FIKA」を楽しむ

キャビアとレモンを詰めたエビとディルのマヨネーズサラダ「スカーゲンローラ」を載せた北欧の定番料理スカーゲンマッカを片手にテラスで一息つけば、ここが東京であることを忘れさせてくれるはず。

And more

清澄白河・浅草エリアの素敵なグリーンショップを
もっとご紹介します。

The Plant Society Tokyo

ザ プラント ソサエティ トーキョー

清澄白河駅

都会の生活に緑をもたらす メルボルン発祥の植物店

オーストラリア・メルボルンで設立されたプランツショップの海外一号店。お手入れが比較的簡単なポトスからフルーツサラダプラント、ザミオクルカスなど「スモール・スペース・ガーデン」を楽しめる植物が揃います。オーストラリアでデザインされた鉢や生活雑貨の豊富なラインナップも魅力。

異なる葉の質感や模様、形が美しく重なり合う空間を提案。

ハンドメイドの鉢だけでなくオーストラリアの暮らしを感じる雑貨が多数。

江東区平野2-6-1 070-8393-5483 水〜金曜 12:00 〜 17:00 土・日曜・祝日 10:00 〜 18:00 休 月・火曜

深川観葉植物店 フカスグリーン

ふかがわかんようしょくぶつてん ふかすぐりーん

門前仲町駅

低価格で質のよさが魅力の 観葉植物セレクトショップ

手頃な価格帯で品質にこだわったラインナップが魅力の観葉植物店。樹形のよいグリーンを一点ずつ吟味して仕入れているそう。独特の葉形で、昨今人気のビカクシダの品揃えは都内屈指。飾りやすいように板付けされた状態で販売されており、壁を飾るインテリアとしても楽しめます。大型植物の配送サービスも。

8号鉢のフィカス・ベンガレンシス（ゴムの木）などが比較的手頃な価格帯。

人気のビカクシダを多数販売。隣県からもお客さんが集まる。

江東区深川2-24-6 03-5621-9936 金・土・日曜 10:00 〜 19:00 休 月〜木曜、不定休

mokuhon

モクホン

銀座一丁目駅

空間のシンボルとなる運命の１本に出合えるお店

もりもりと茂る緑が目に楽しい店内は、来店客から「森みたい」と驚かれるそう。部屋のシンボルとなる、存在感のある形のきれいな樹木が充実。部屋の写真を見せて相談するのもおすすめです。

銀座の街中にあらわれる非日常な緑の空間で、植物のパワーを感じては。

中央区銀座 1-14-15 シライビル
03-3566-4720　11:00 ～ 20:00　休 月曜

THE GREEN SHOP TOKYO

ザ グリーン ショップ トーキョー

東日本橋駅

こだわりセレクトのローカル・グリーンショップ

中型～大型の観葉植物が充実しており、曲がり具合など「最高に樹形のよいものを厳選」しているそう。植替えなどのアフターケアも可。

オリジナルの有機粒状培養土への植替えや、23 区内大型植物配送サービスも魅力。

中央区東日本橋 2-25-4 オゼキビル 1 階　070-9031-8348　11:00 ～ 19:00 頃　休 月～金曜

GREENLife JOURNAL

グリーンライフジャーナル

浅草駅

古民家×植物の癒やし空間

築 70 年の古民家を改装した趣ある空間に、樹形・佇まいにこだわった一点ものが並び、天井からは多数のハンギングプランツも。紐を編んでつくるプラントハンガーなどの「マクラメ教室」は予約制。

昔ながらの柱や梁、窓や壁の醸す雰囲気を活かしたディスプレイ。

台東区浅草 5-26-8　050-3707-3327　11:00 ～ 18:00　休 月～水曜

PART 4 都内その他エリア

A 武蔵関
B 都立家政
C 中野／東中野
D 新江古田
E 西荻窪
F 吉祥寺
G 立川
H 三軒茶屋
I 二子玉川
J 京王堀之内
K 南町田グランベリーパーク
L 相原
M 江戸川橋
N 京急蒲田

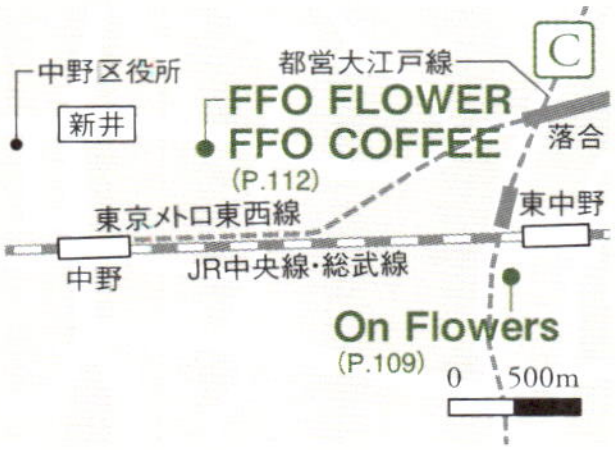

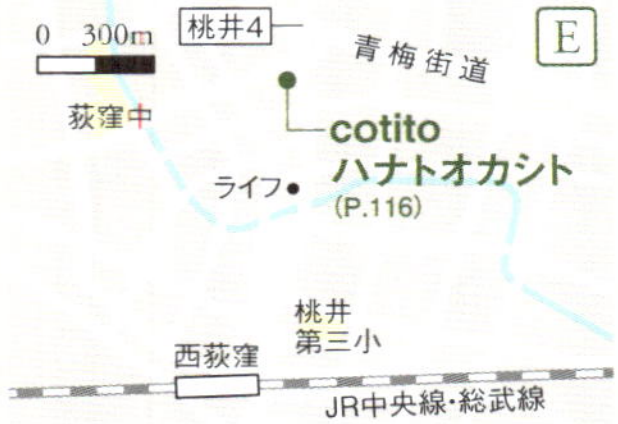

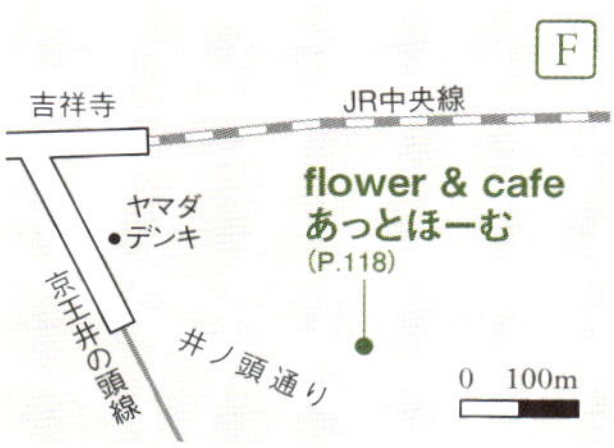
F
吉祥寺
JR中央線
ヤマダ
デンキ
京王井の頭線
井ノ頭通り
flower & cafe
あっとほーむ
(P.118)
0 100m

G
0 200m
国営昭和
記念公園
GREEN
SPRINGS
Rust
Tachikawa
(P.120)
高島屋
FLOWERS
BAKE & ICE
CREAM (P.123)
立川北
伊勢丹
JR青梅線
JR中央線
立川

H
東急世田谷線
三軒茶屋
三軒茶屋
東急田園都市線
昭和女子大
ジュウニブン ベーカリー
三軒茶屋本店 (P.124)
JUNIBUN
BAKERY CAFE (P.126)
玉川通り
首都高速渋谷線
0 200m

I
0 200m
玉川通り
田園都市線
東急
厚木街道
玉川
高島屋
café & green Ron Ron
(P.130)
東急
大井町線
二子玉川
ライズ・
オークモール
二子玉川
二子玉川
ライズS.C.
SOLSO HOME
Futako (P.127)
ALL GOOD
FLOWERS FUTAKO
(P.128)
GOOD GREEN
THINGS (P.129)

J
グリーンギャラリー
ガーデンズ八王子本店 (P.132)
Garden cafe Au coju
(P.135)
大栗川橋南
川幡橋南
京王相模原線
京王堀之内
松木小
0 300m

K
南町田グランベリーパーク
東急田園都市線
鶴間
公園
南町田
グランベリーパーク
the Farm UNIVERSAL
MINAMIMACHIDA (P.136)
FARMER' S KITCHEN
MINAMIMACHIDA
(P.138)
0 200m

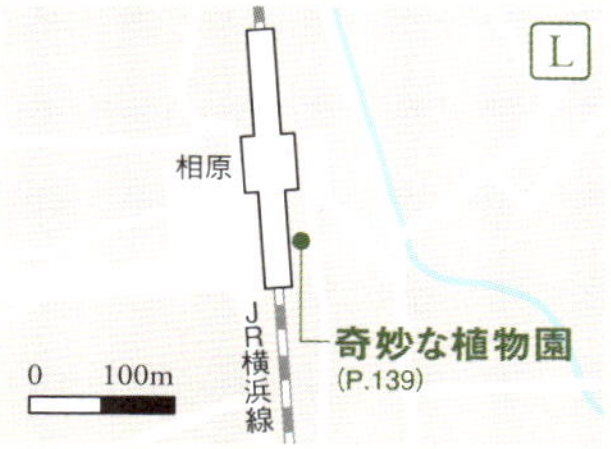
L
相原
JR横浜線
奇妙な植物園
(P.139)
0 100m

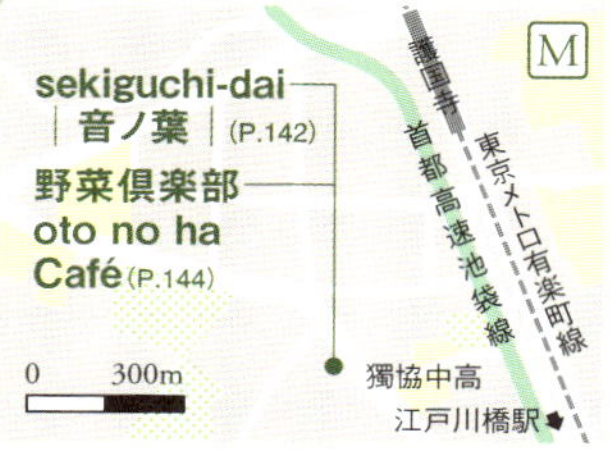
M
sekiguchi-dai
音ノ葉 (P.142)
野菜倶楽部
oto no ha
Café (P.144)
護国寺
首都高速池袋線
東京メトロ有楽町線
獨協中高
江戸川橋駅
0 300m

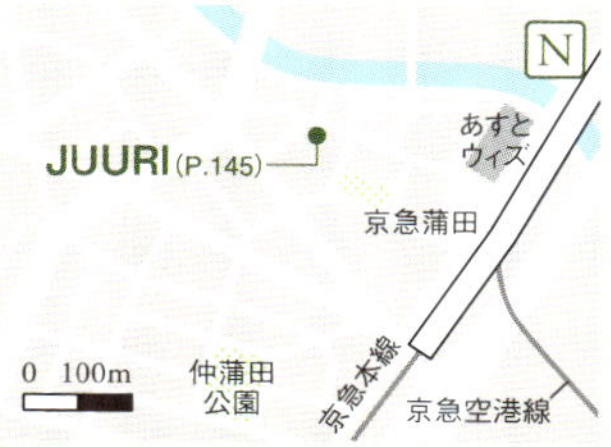
N
JUURI (P.145)
あすと
ウィズ
京急蒲田
京急本線
京急空港線
仲蒲田
公園
0 100m

オザキ
フラワーパーク

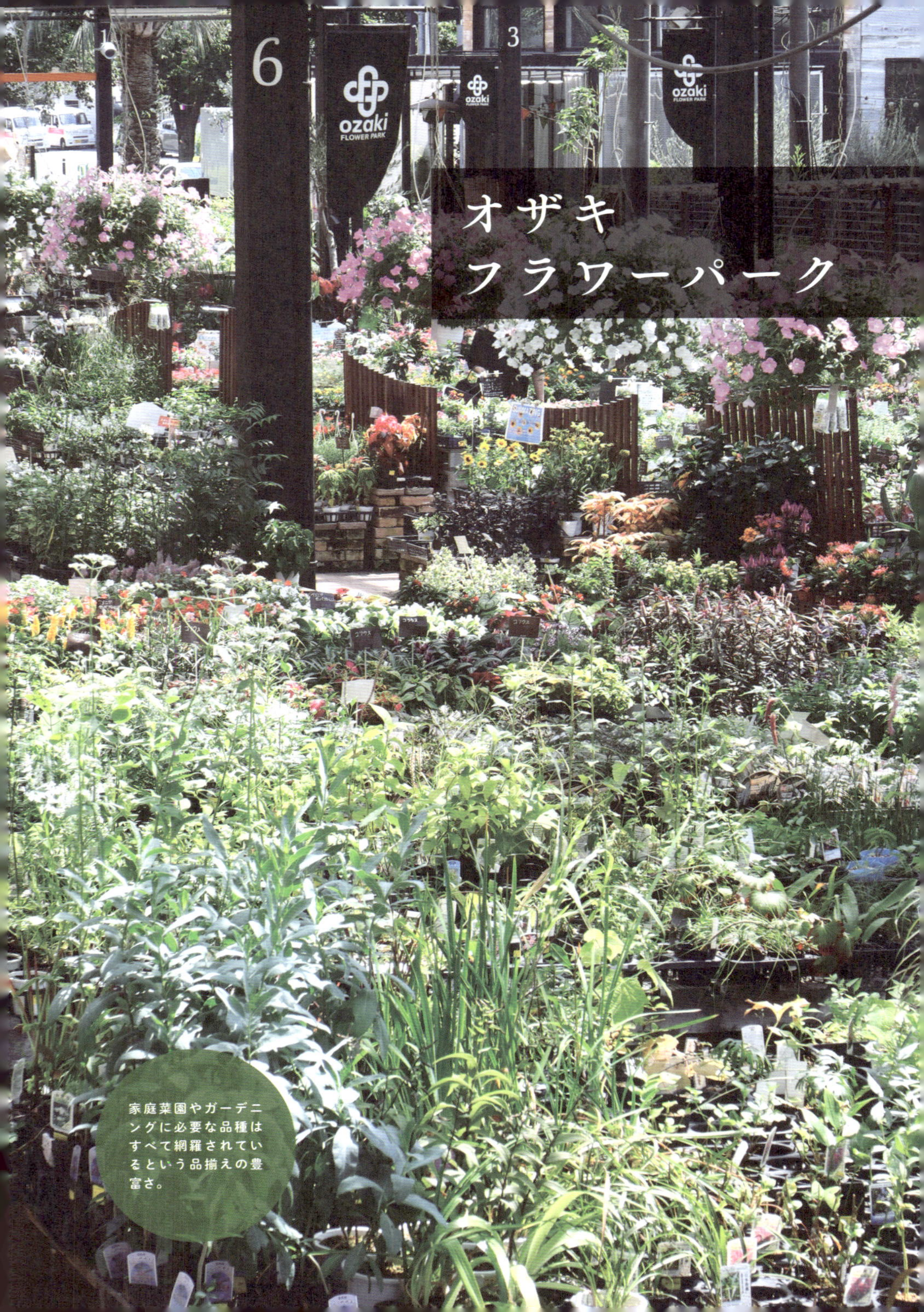

家庭菜園やガーデニングに必要な品種はすべて網羅されているという品揃えの豊富さ。

1 塊根植物や食虫植物、サボテンなど定番からマニア向けの植物まで、盛りだくさんのラインナップ。

2 人気のビカクシダが壁一面に揃う迫力のレイアウト。

3 多肉植物や珍奇植物の即売会などのイベントも度々開催されている。

4 季節の花苗は見ているだけで癒やされる。

年間約10万種類の植物を扱う グリーン好きの聖地

「Feel the Power of Plants」をスローガンに掲げ、都内最大級の敷地に多種多様な植物を扱う同店は、植物好きの聖地とも呼ばれるスポット。2階建ての屋内売り場には生花、ドライフラワー、インドアプランツ、多肉植物、珍奇植物、胡蝶蘭、園芸用品、書籍、アクアリウムなどなど、初心者向けから上級者向けまで、植物に関連するありとあらゆるものが揃っています。

取り扱う植物の種類は、なんと年間約10万種。「ここになければ諦める」という人も多いほどの豊富な品揃えが魅力です。

1階の屋外売り場には花苗のほか、宿根草や山野草、ハーブ、野菜、奥へ進むと果樹、花木、関東ではなかなか出回らない品種のネイティブプランツがずらり。植物園のような心地よい空間は1日中飽きることなく散策することができます。

空間のこだわり

植物に関するありとあらゆる商品を取り揃えている中でも、空間づくりのアイデアが店内にちりばめられているので、のんびりと見て回るだけでもワクワクするはず。

1 ハンギングポットから大型の鉢、和のテイストのものまで揃うので、理想の鉢も見つかるはず。

2 3 4 ドライフラワーに書籍、アクアリウムコーナーには爬虫類まで。

生花から観葉植物まで 直感的に植物の力を感じられる

店内奥へ進むと生花専門店「ラフレシア」のフロアが。フレッシュで美しい季節のお花や枝もの、球根植物が並び、季節の訪れを気づかせてくれます。特定のジャンルや一種類の花・枝ものなどにスポットライトを当てたフェアも度々行われているので、訪れるたびに新たな発見も。ドライフラワーのコーナーでは、ビビッドな色合いや珍しい実ものなど、なかなかお目にかかれない種類のドライもずらり。希望に合わせてドライフラワーをブーケにしてくれるサービスも人気です。

2階で出迎えてくれるのは、胡蝶蘭やビカクシダ、ジャングルのようなインドアプランツ。植物が好きなすべての世代の人がワクワクできるよう、店内はバリアフリーに。

オザキフラワーパーク《おざきふらわーぱーく》

練馬区石神井台4-6-32 サミットストア石神井台店併設

☎ 03-3929-0544

9:00 ~ 19:00

休 1月1・2日

西武新宿線武蔵関駅（北口）から徒歩15分
西武新宿線上石神井駅（北口）から徒歩25分

GROWERS CAFE

生産者の顔が見える食材を〝森の中〟のレストランで

肉・魚・野菜からメインを選び、5種のデリとサラダと共に。

「練馬区の地元食材を多くの人に楽しんでいただき、生産者さんとお客様を繋げる場所にしたい」という想いでオープンした「GROWERS CAFE」。大きなガラス窓やテラスからオザキフラワーパークの緑をふんだんに感じられる同店では、肉や野菜などのメインに季節の野菜を中心とした5種のデリをワンプレートに盛り合わせた「GROWERSプレート」が人気。

豆の選定から焙煎、挽き方と試行錯誤を重ねたブレンドコーヒーやスムージー、季節の果物・野菜のピューレなどが入ったスカッシュなどのドリンクも多数。15時以降に食べられる季節のデザートなど、どれも地産地消にこだわってスタッフが考案した逸品ばかりです。

GROWERS CAFE
グロワーズ カフェ

練馬区石神井台4-6-32サミットストア石神井台店併設オザキフラワーパーク内

03-5903-8260

月～金曜
11:00～20:00（L.O.19:00）
土・日曜、祝日
10:00～20:00（L.O.19:00）

休 年末年始※オザキフラワーパークの営業日に準ずる

緑と花の店 華々

自分たちで一からつくったという木のぬくもりあふれる店内には切り花から鉢植えまで身近な植物が。

鳥のさえずりに包まれる花と植物のお店

1999年からこの地で花と植物、カフェ、レストランをミックスさせた空間として愛されてきた「GARDEN SQUARE」。東京にいることを忘れるほど緑豊かな敷地内では、鳥のさえずりが響き、異世界に迷い込んでしまったかのようです。廃材を使った建物と緑のコントラストが目を引く同店の中で、花と植物を販売するのが「華々」。店頭にはモヒートミントなどのハーブ苗やドライガーデンにもぴったりなヘスパラロエ。お店の中にはユーフォルビアラクティアや竜神木など大切に育て、愛でたい植物がたくさん。切り花はインパクトのあるお花が種類豊富に揃います。

花束やアレンジメントをつくる際には、敷地の庭から採ったグリーンをサービスで付けてくれるなんてことも。心遣いに癒やされるはずです。

空間のこだわり

ガーデニング＆フラワーショップ、カフェ、そしてイタリアンレストランが融合した「GARDEN SQUARE」。高原の避暑地などに喩えられるほど広大な緑を眺めながら食事やお茶を楽しめるので、身近な場所で今までにない気分を味わえる。

1 お店の周りにも緑がたくさん。

2 ガーデニング用のハーブ苗のほか、鉢と植物のセットアップも。

3 形がキュートなネペンテス（ウツボカズラ）が人気。

都内にいながらにして森の中に迷い込んだ気分に

店内には森の中のような環境で育った植物が多く、美しく整ったものというよりは自然に近い形の植物が多く、中には奇形などの変わった雰囲気のものも。店頭にはハーブ苗や大葉の苗、季節の花苗などが多数並んでいて、手軽にガーデニングをはじめられます。古いリンゴ箱をディスプレイに活用するなど、環境への配慮もいたるところに。

道路を挟んだ向かいの建物には1階にカフェ、2階にイタリアンレストランが入った建物があり、そこから眺められるような形でお店の周りには桜や雪柳、ハナミズキ、アジサイ、サルスベリなどの植物が植えられています。一年中さまざまな緑と花が楽しめる贅沢な時間をぜひ味わってみては。

緑と花の店 華々
みどりとはなのみせ はなばな

練馬区中村南 1-27-20

03-3825-3501

10：00 ～ 18：30（※時短営業中、随時変更の可能性あり）

木曜（祝日の場合は営業）

西武新宿線都立家政駅（北口）から徒歩約７分
西武池袋線練馬駅から京王バス「南蔵院」下車徒歩４分
JR・東京メトロ東西線中野駅から関東バス「鷺宮一丁目」下車

緑のシャワーを浴びながらパニーニと朝採れサラダを

café Felice

森の中のような空間でモーニングをいただくのはまさに至福のひととき。

華々の向かいの建物の一階にあるのが見渡す限り緑に囲まれた「café Felice」。ここでは毎朝お店で焼かれる自家製パンやピッツァ、手づくりのケーキなどを木漏れ日に包まれながら楽しむことができます。

　ぜひ食べてほしいのが、モーニングメニュー。野菜と卵のうま味がギュッと凝縮された自家製キッシュや鹿児島県産チャーミン豚をお店でスモークしてつくられる「BMLベーコン目玉レタス」はリピーターも多い人気メニューだとか。近所の農家さんから毎日届く朝採れ野菜のガーデンサラダには、自家製にんじんドレッシングをかけて。生き物たちの声や心地よい風とともに、自然の恵みを全身で味わえます。

café Felice
カフェ フェリーチェ
練馬区中村南 1-27-20

☎ 03-3825-2992

9：00～19：00（LO18：30）
※時短営業中、随時変更の可能性あり

休 木曜（祝日の場合は営業）

On Flowers

コンクリートむき出しのモダンな店内には所狭しとグリーンや季節の花々が。

東中野の街の人に愛される お花と人との交差点

山手通り沿いに店を構える「On Flowers」。店内に数分いるだけで、このお店がどれだけ地域の人たちから愛されているのかが伝わってきます。東中野という地で、花を通してあたたかい空間をつくるのは、代表のハシモトアイさん。２００６年に母親とこの地でお花屋を始めたことをきっかけに、出産育児を経て、独立。より地域と繋がっていくお店にしたいという想いのもと、花屋の奥にカフェスペースを併設させました。

「お花を枯らしてしまわないか心配という声に応えるのが花屋の役目」と語るハシモトさん。その気取らない雰囲気はお店づくりにも反映されているように思います。お店の店頭には色とりどりの花や観葉植物、花器が並べられ、通りを歩く人がつい立ち止まって覗いていくのがわかります。

花器のこだわり

１本からでも気軽に花を楽しめるようにと、ガラス製の花瓶は間口の狭いものを多数扱っているそう。フォルムがかわいいのでインテリアにも映えるはず。

1 2 ウッドベースのシンプルかつシャープな内装デザインは、設計事務所のブルースタジオさんにお願いしたそう。

3 取材中にもひっきりなしにブーケのオーダーが。

4 インテリアの主役になりそうな花瓶や観葉植物なども店頭にずらり。

自然体でありのまま
来る人々を受け入れてくれる

ウッディな家具が設えられたシックな店内には、ハイセンスなお花がギュッと詰め込まれています。つくり置きのブーケはあえて用意しておらず、花瓶の大きさやお部屋の雰囲気をヒアリングして予算にあわせて提案。お花を包む紙ひとつとっても、自然に近い紙の素材を使うなど、気持ちが上がるものをセレクトしています。「人生のどんな場面においても、美しく寄り添ってくれる花を」。そんな想いが店名に込められているこのお店には、足を運ぶ一人一人に寄り添ってくれるあたたかさがあふれています。

ブーケをまとめるリボンも色とりどり。

On Flowers
オン フラワーズ

中野区東中野 1-32-6 大瀧ビル 1F

☎ 03-3227-2877

火～土曜 11:00 ～ 17:00

休 日・月曜

都営大江戸線 東中野駅（A3 出口）から徒歩 2 分

栄養もボリュームも満点のサンドイッチが人気

この日はイカチヂミと春野菜サンドと春キャベツのポタージュスープ。

お花の販売スペースを抜けると現れるのが、まるで隠れ家のようなカフェ空間。花と緑に包まれた落ち着いた空間でいただけるのは、母親でもあるハシモトさんが「子どもたちにも食べさせたい」と思えるほど、身体にうれしいメニューです。おすすめは、ボリューミーな「サンドイッチ」。旬をぎゅっと詰め込んだ産直野菜やこだわりの調味料などを使用し、丁寧につくられた具材たちは栄養満点です。

リピーターが多いお店なので、メニューの内容も季節の移り変わりとともに約3週間に1回のペースでゆるやかに変化。白砂糖は使用せず、シンプルにつくられたスイーツは、どれも甘さ控えめで大人も子どももハマるお味です。

お酒好きのハシモトさんが考案した「ジャックレーズン」は6周年を迎えた記念のクッキー付き。

FFO FLOWER
FFO COFFEE

COFFEE
「生活の中にふとした一瞬の贅沢なひとときを提供したい」という想いが込められたお店。

1 シンプルでスタイリッシュなアレンジが得意。

2 ミニブーケは自宅用や気軽な贈り物にも喜ばれそう。

舞台に華を添える存在感のある一輪を

早稲田通り沿いを歩いていくと目に入る、ソフトクリームのかわいいロゴが印象的なこのお店。開放的で明るい店内には季節のお花や植物が並び、心地よい空間をつくりだします。

花市場で仲卸をしていた経験もある沖山毅さんが厳選するお花は、どれも美しく何より日持ちがいいのが特徴。自宅に持ち帰ってからもなるべく長く楽しめるようにと工夫された花々には、プロならではの技が細部に感じられます。

舞台公演や楽屋用のお花のオーダーが多いこともあり、店内には立派なユリやシックなアンスリウムなど一輪でも存在感のあるお花が多数。ハンギングの植物もベゴニアタイガーキトゥンなど葉の形や模様に個性を感じるものが並びます。初心者でも始めやすい小さいサイズのパルダリウム水槽も。

FFO FLOWER
FFO COFFEE

エフエフオーフラワー
エフエフオーコーヒー

中野区中野5-23-11テュロデトーレ1階

☎ ー

火〜金曜　11:00〜18:00
土・日曜・祝日　10:00〜18:00
※季節により変更あり

休 月曜

JR中野駅から徒歩8分

まあるいソフトクリームを
ほろ苦いコーヒーと共に

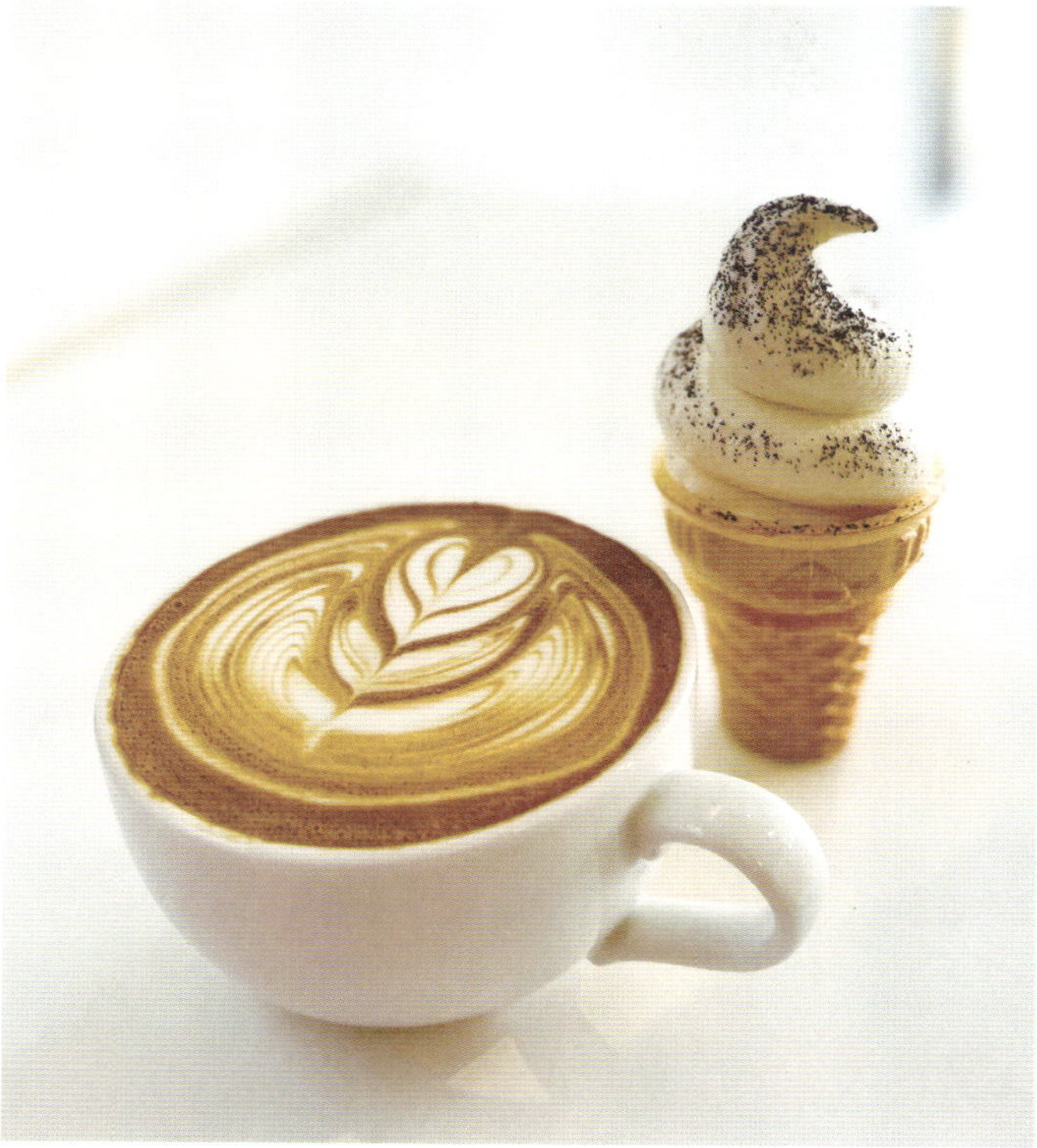

コーヒーはすべてスペシャリティコーヒーで、深煎りと中煎りの2種。

店内に9席、テラスに15席あるカフェスペースでは、豆本来の味わいを堪能できるコーヒーと相性ぴったりな焼菓子を味わうことができます。まあるいフォルムがかわいいソフトクリームはコクがありつつ、後味さっぱり。お好みでエスプレッソの粉をかけていただきます。

　ちょっと小腹がすいた時には、コーヒーにホットマフィンサンドを添えて。甘さとしょっぱさが混ざり合う「あんバタチーズ」と黒コショウの効いた「トマチーサラミ」の2種類があって、どちらもファンの多い逸品です。外はカリッ、中はもちふわのシュガードーナッツやアフォガードも隠れた人気者。テラスで通りの往来を眺めつつ、ゆったりと過ごしてみては。

ソフトクリームは5つのサイズが選べるのがうれしい。

1 淡い色のお花を中心に枝ものやほかでは見かけない野草なども。

2 派手過ぎず、ナチュラルなお花の美しさが光るアレンジメント。

flower shop +cafe NECO QAVREENO

ありそうでなかなか見つからなかった、お手入れがしやすくてシンプルなガラスの花瓶を発見。

山野草と一風変わった花&植物で唯一無二のアレンジメントを

ネコカヴリーノ通称「ネコカヴ」。一度聞いたら忘れられないこのお店は、江古田の住宅街の中にひっそり現れます。小屋のような温かい雰囲気の店内には、ニュアンスカラーの切り花が。一般的にはメインで使われないような細かい花々や山野草、枝ものも種類豊富に取り扱われています。

じっくりとしたヒアリングの末、生み出されるアレンジメントは、山で摘んだような可憐な雰囲気を醸し出します。「変わった花や植物が好き」と語るのは、店主の下田宗明さん。観葉植物のセレクトも、ふさふさの根が特徴のシノブなど、育てやすいけれど不思議なものが多い印象です。店頭には、骨のような葉がおもしろいフィッシュボーンやツルコケモモなどの花苗も。思わず手に取ってしまうようなお花と植物ばかりです。

flower shop +cafe NECO QAVREENO

フラワーショッププラスカフェ
ネコカヴリーノ

中野区江原町 1-40-12

03-3565-0574

11:00 ～ 19:00

休 花屋 水・木曜
カフェ 木曜・不定休（月に 1、2 日程度）

都営大江戸線新江古田駅から徒歩 5 分
西武池袋線江古田駅から徒歩 10 分

リビングのような店内で心がほどけるスイーツを

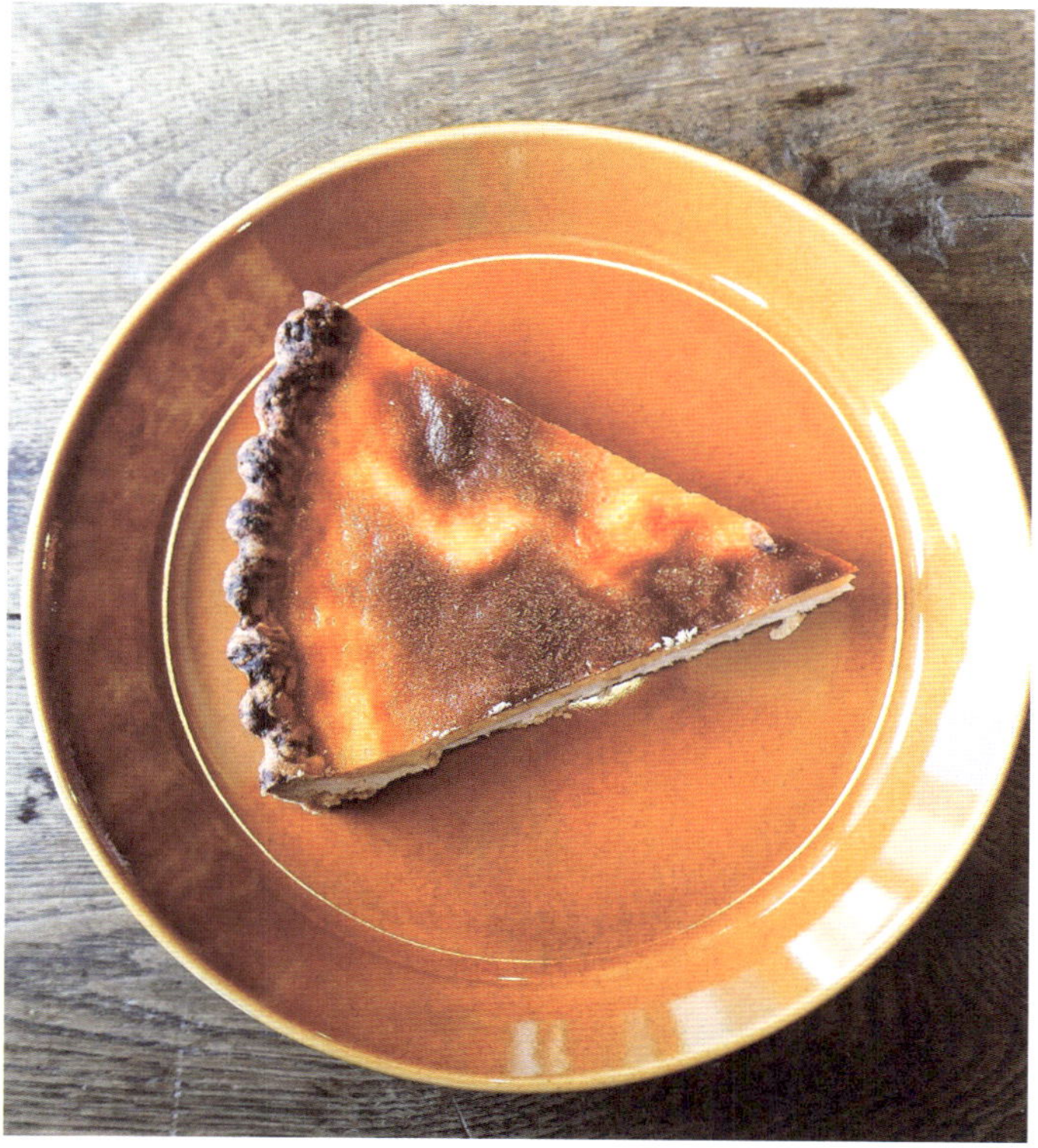

一番人気のエッグタルト。オリジナルブレンドのネコカヴレンドと。

ドライフラワーが施された店内。江古田珈琲焙煎所の豆を使用したこだわりのコーヒーを片手にゆったりとした時間を。

花屋の隣にあるカフェでは、以前お花屋さんのお客さんだったという福原悠さんがスイーツや軽食、ドリンクメニューをお店で手づくりしています。まるでお家のリビングのような、ゆったりと寛げる空間には、テーブル席とソファ席があり子ども連れも安心。オープン直後になくなる日もあるというキッシュとホットサンドは、具材たっぷりでしっかりおなかを満たしてくれます。人気のエッグタルトのほか、きたかみ小麦・よつ葉バター・洗双糖でつくるシンプルなショートブレッドも隠れた逸品。ママレードは敷地内にあるミカンの木から収穫したミカンを使い、手づくりで仕上げているのだとか。店主のこだわりと心遣いを感じられます。

cotito ハナトオカシト

どこを切り取っても美しい店内。2種のサボテンを繋ぎ合わせる接木のサボテンも毎年人気のアイテム。

1 アレンジメントオーダーのほか、ブライダルや装花なども行っているそう。

2 お花と焼き菓子をセットにしたギフトは大切な人への贈り物に。

お花の魅力を全身で体感する アートのような花空間に惚れ惚れ

「わたしたち」を意味する口語「コチト」。前山さんご夫婦それぞれの得意分野であるお花とお菓子がやさしく溶け合う店内には、夏は接木のサボテンが、そのほかの季節には、色とりどりの花々が並びます。

天井を抜き、梁をそのまま活かしたという内装は、シンプルながら印象的。コンクリートと木材という異素材が不思議な調和をうみだしています。生花の季節は壁一面がお花で埋め尽くされ、さながらアートのよう。一般的なお花屋さんではあまり見かけない、変わった見た目や色味のお花も多く揃います。新しいお花が入るたびに、すべての位置を変えているため、いつ訪れても余白まで美しいと感じる空間に。オブジェとしても美しい、旅人の木やバナナの木のドライフラワーも独特の存在感を醸し出しています。

cotito ハナトオカシト

コチト はなとおかしと

杉並区西荻北 5-26-18

03-6753-2395

11:00 ～ 18:00
(イートイン LO17:30)

不定休

JR 中央線・総武線西荻窪駅（北口）から徒歩 10 分
関東バス「善福寺一丁目」下車すぐ
「桃井四丁目」下車徒歩 3 分

乳製品や卵不使用の
目にも美しい花ケーキ

ビオラやベゴニアなど季節の花をあしらったベイクドレアチーズケーキ。

木のカウンターにずらりと並ぶのは、無農薬でつくられたエディブルフラワーを上品にあしらった焼き菓子たち。お花をオーブンで軽く焼き、アイシングやホワイトチョコの上にふんわり載せて手間をかけてつくられるクッキーやサブレはブローチのような美しさを放ちます。

　コーティングに使うチョコ以外、卵や乳製品不使用で、小麦粉ではなく米粉を使ったクッキーなどラインナップも豊富。隣の建物では、不定期ながら大人気のカフェも。ドライフラワーが飾られた美術館のような空間で、お花がちりばめられたドリンクや季節のフルーツを使ったチーズケーキなど、美しく、食べて心が躍るメニューをいただくことができます。

カフェの営業日はお店のインスタグラムを要チェック。

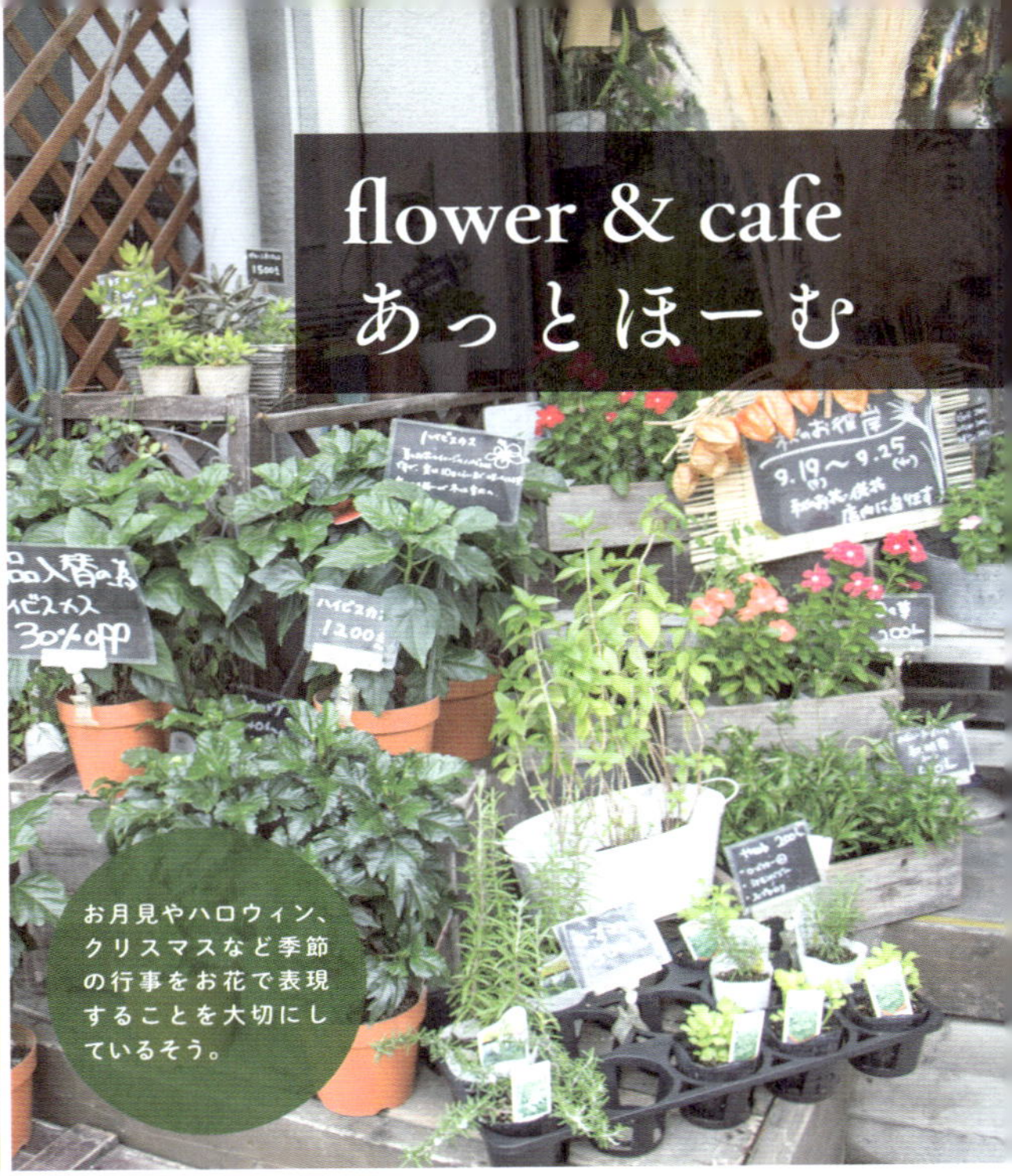

flower & cafe あっとほーむ

お月見やハロウィン、クリスマスなど季節の行事をお花で表現することを大切にしているそう。

1Kアパート2部屋分の空間に暮らしを彩るアイデアがぎっしり

吉祥寺駅の公園口を出て、末広通りを3分ほど。立派なぶどう棚が目印の「あっとほーむ」は、その店名からもわかるように、地元の人たちの憩いの場所として知られています。

1Kほどの花屋には、常時30種ほどのお花が。店主の峯岸さんがセレクトするくすみ系カラーのシックな花々がナチュラルな空間によく映えています。お花のための冷蔵庫を置かず、お家と同じような環境にしているため、常連さんからは「買って帰った後も長く楽しめる」と評判なのだそう。「部屋にお花や植物を置くと豊かになるという体感をいろんな人に感じてほしい」という想いから、季節によっては1本100円代から購入できるものも。小さなハーブ苗や種類豊富なサボテン、斑入りのゴムの木、とうがらしなど育てて楽しい観葉植物が揃います。

1 隣り合った花屋とカフェはぶどう棚とテラスで繋がっている。夏には立派なぶどうの実がなるそう。

2 手に取りやすいミニブーケなども多数。ワークショップも毎月行われる。

flower & cafe あっとほーむ

フラワー アンド カフェ あっとほーむ

武蔵野市 吉祥寺南町 2-12-8
第二本橋コーポ 103 号

☎ 0422-40-4551

カフェ　9:00 ～ 19:00
花屋　11:00 ～ 19:00

休 カフェ　月・木曜
花屋　木曜

JR 中央線・中央総武線・京王井の頭線吉祥寺駅（公園口）から徒歩 3 分

店の裏で収穫した野菜も使った ほっとする手づくりメニュー

余計なものは入れない、素材の甘みを感じられる季節のスープ。

花屋と隣り合うカフェスペースで食べられるのは、身体にうれしい素材にこだわったメニューの数々。誰かのお部屋に遊びにきたような空間には、ソファ席などを含めて11席が置かれ、テーブルには春は桜、秋にはパンパスなど季節のお花が飾られています。

お店で漬けた梅を使った梅ソーダや手づくりのアイスクリームなど、すべてがヘルシーで無添加。しばしばお店の裏の家庭菜園で収穫したパプリカやきゅうりなどの野菜が料理に使われることもあるそうです。おすすめは腸活スープメニュー。豚肉やレンコン、にんじんなどが贅沢に入った豆乳味噌スープや素材の味わいを活かした季節のスープはランチにもぴったりです。

求肥と餅粉を使ってつくる季節のフルーツ大福をアレンジした遊び心もすてき。

Rust Tachikawa

剪定された枝もそのままオブジェとして飾られており、唯一無二の美しさを放つ。

1 木材や石など素材そのものの風合いを大事にしており、コンセプトは「植物と暮らす」。

2 さまざまな色味の多肉植物も。

3 スツールやお皿なども植物の飾り方の参考になりそう。

素材そのものの美しさと植物との暮らし方が見つかる

「暮らしの中に植物をかっこよく取り入れたい」。その願いは、このお店に行けば叶うと言っても、過言ではありません。愛知県豊橋市にある園芸店「garage」からうまれたブランド「Rust」。〝飾り気のない〟〝素朴な〟という意味を持つ〝ラスティック〟と〝錆〟という意味の〝Rust〟から名付けられた店名どおり、素材そのものの風合いを活かしたアイテムが揃います。

店内には、スタッフ自らがDIYしたという味わい深い木の什器が点在。手づくりならではの味のある空間の中で、花苗、観葉植物、テラリウム、苔玉、サボテンなどが活き活きと飾られています。至るところにさらっと置かれたスツールやお皿などの雑貨も、よく見ると植物をより輝かせるためのヒントに。

植物のこだわり

手のひらサイズから大型のものまで、暮らしに取り入れやすい品種の植物を各地から厳選。特にオリーブの木の生産者さんは、全国にファンがいるのだとか。

1 センスが光る寄せ植えのメタルプランター。

2 実用性とデザイン性を兼ね備えたツールたちにときめく。

3 ドライフラワーはほかではあまり見かけない種類も多数。

クラシックからモダンまで飾る場所を選ばない植物も

初夏には、人気急上昇中のウツボカズラやサラセニアなどの食虫植物や沖縄産のデザイン性あふれるグリーンなどが豊富に揃うのもこのお店の特徴。時には、国内有数の生産者から仕入れた品質の高いオリーブの木やあまり見かけない新種の植物にも出合うことができます。

店頭で彩りを添えるのは、ヨーロッパのナチュラルガーデンを彷彿とさせる花苗の数々。鉢カバーやじょうろといったアイテムも〝大人の園芸店〟というテーマに沿った色合いや質感のものだけが揃い、どんなお部屋の雰囲気にも馴染みやすいです。また、インテリアとしても人気の高いドライフラワーのラインナップも豊富。季節や仕入れによってザクロなどのドライプランツも並びます。ガーデナーはもちろん普段使いもできるオリジナルアパレルも必見。

Rust Tachikawa
ラスト タチカワ

立川市緑町 3-1
GREEN SPRINGS E2 2 階

☎ 042-506-1187

11:00 ～ 19:00

休 なし（年末年始休あり）

JR 中央線立川駅（北口）から徒歩 8 分
多摩都市モノレール立川北駅から徒歩 4 分

FLOWERS BAKE & ICE CREAM

“飾るだけがお花じゃない” 食べて飲んで味わう体験を

エディブルフラワーが添えられた華やかなアフタヌーンティー。

GREEN SPRINGS の同じフロアにあるのは、五感でお花を感じ、味わえるお店。花に囲まれた癒やしの空間では、卵を使わないオムライスなどプラントベースのフードや、地元立川産の新鮮なエディブルフラワーがあしらわれたスイーツ・ドリンクを味わうことができます。

中でも、スコーンなどの焼き菓子にタルト、サンドイッチなどが贅沢に載ったアフタヌーンティーセットは人気のメニュー。6種類から選べるハーブティーのほか、お持ち帰りができる華やかなお花もセットでついてきます。ラベンダーなど自家製のお花のシロップを使ったレモネードは華やかながらほっとするやさしいお味。お土産に店頭でお花を買って帰るのも◎。

FLOWERS BAKE & ICE CREAM
フラワーズ ベイク アンド アイスクリーム

立川市緑町 3-1
GREEN SPRINGS E1 2 階

☎ 042-518-9688

11:00 〜 19:00
(L.O. イートイン 18：00／テイクアウト 18：30)

休 なし

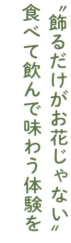

ジュウニブン ベーカリー 三軒茶屋本店

「こだわりの素材を手づくりで届ける」。そんな想いが随所に感じられるお店。

日常が"ちょっと幸せ"になる パンとケーキとお花の空間

パンとケーキとお花の共通項。それは、「どれも食卓に添えるだけで日常が少し豊かになるところ」。そう教えてくれたのは、このお店の存在でした。三軒茶屋駅から歩いて5分ほど。国道２４６号に面した場所にある「ジュウニブンベーカリー」は、パン屋さんでもあり、お花屋さんでもあり、カフェでもあります。

木のぬくもりを感じる店内には、パンやケーキに添えたくなるミニブーケや店内で手づくりされた季節のスワッグがずらり。天井からは色鮮やかなドライフラワーのブーケがいくつも下げられ、さながらヨーロッパのフラワーショップのよう。

自然の中で見つけたようなナチュラルな風合いのお花が多く揃っており、あたたかい雰囲気の花束をオーダーすることができます。

店名のこだわり

「いまの暮らしに花やパンなどを少しだけプラスすることで、暮らしがより豊かになる」というメッセージが込められている。

2

3

1

1 発色のいいお花を使った鮮やかなドライフラワーがたくさん。

2 そのまま飾れるミニブーケも人気。

3 まあるいフォルムがかわいい「風船パン」。平日のみ2階のカフェに持ち込みOK。

お花もパンもケーキも いつもよりちょっといいものを

この店を手がけるのは、いくつもの有名ベーカリーを世の中につくりだしてきた杉窪章匡《すぎくぼあきまさ》シェフ。長年、世界中を旅してさまざまな食に出合った杉窪さんだからこそつくり出せる世界観が、店内の随所で感じられます。ベーカリーの一番人気はまんまるのフォルムがかわいい「風船パン」。小麦に対して1・2倍の水分を使用しているため、もっちもちの食感とぶわっと広がるバターの香りに圧倒される逸品です。店名のジュウニブンと同じ1・2倍のベーカーズパーセントというのもまた粋。

ここを訪れる人は、ミニブーケやドライフラワーをパンやケーキに添えて手土産にする人が多いのだとか。「暮らしをちょっと豊かに」を叶えられるお店です。

ジュウニブン ベーカリー 三軒茶屋本店

じゅうにぶん べーかりー さんげんぢゃやほんてん

世田谷区三軒茶屋 1-30-9 三軒茶屋ターミナルビル 1 階

03-6450-9660

9:00 ～ 19:00

休 不定休

東急田園都市線三軒茶屋駅から徒歩 5 分

JUNIBUN BAKERY CAFE

杉窪シェフのこだわりと“自分だけの好き”を見つけて

もちもちの食パンを堪能できる「クロックマダム」が人気。

2階のカフェでは、店内で自家焙煎したオーガニック・ナチュラル処理のスペシャルティコーヒーやスイーツ、こだわりのフードを。

席からも見える巨大な焙煎機を使って、杉窪さん自ら選別した豆を焙煎し、管理、保存まで店内で行っているという特別な一杯がいただけます。エスプレッソやラテは、お湯の量やラテの牛乳の量を一般的なお店よりもかなり細かく選べるのも特徴。飲み比べる楽しさや自分の好みを見つけられる工夫がされています。クロックマダムやハンバーガーなどさくっと食べられるのに満足度の高いフードをはじめ、「フルーツタルト」などのスイーツメニューも、一度食べたらまた足を運びたくなるおいしさです。

JUNIBUN BAKERY CAFE

ジュウニブンベーカリー カフェ

世田谷区三軒茶屋1-30-9 三軒茶屋ターミナルビル2階

03-6450-9737

9:00～19:00（L.O.フード18:00／ドリンク18:30）

休 不定休

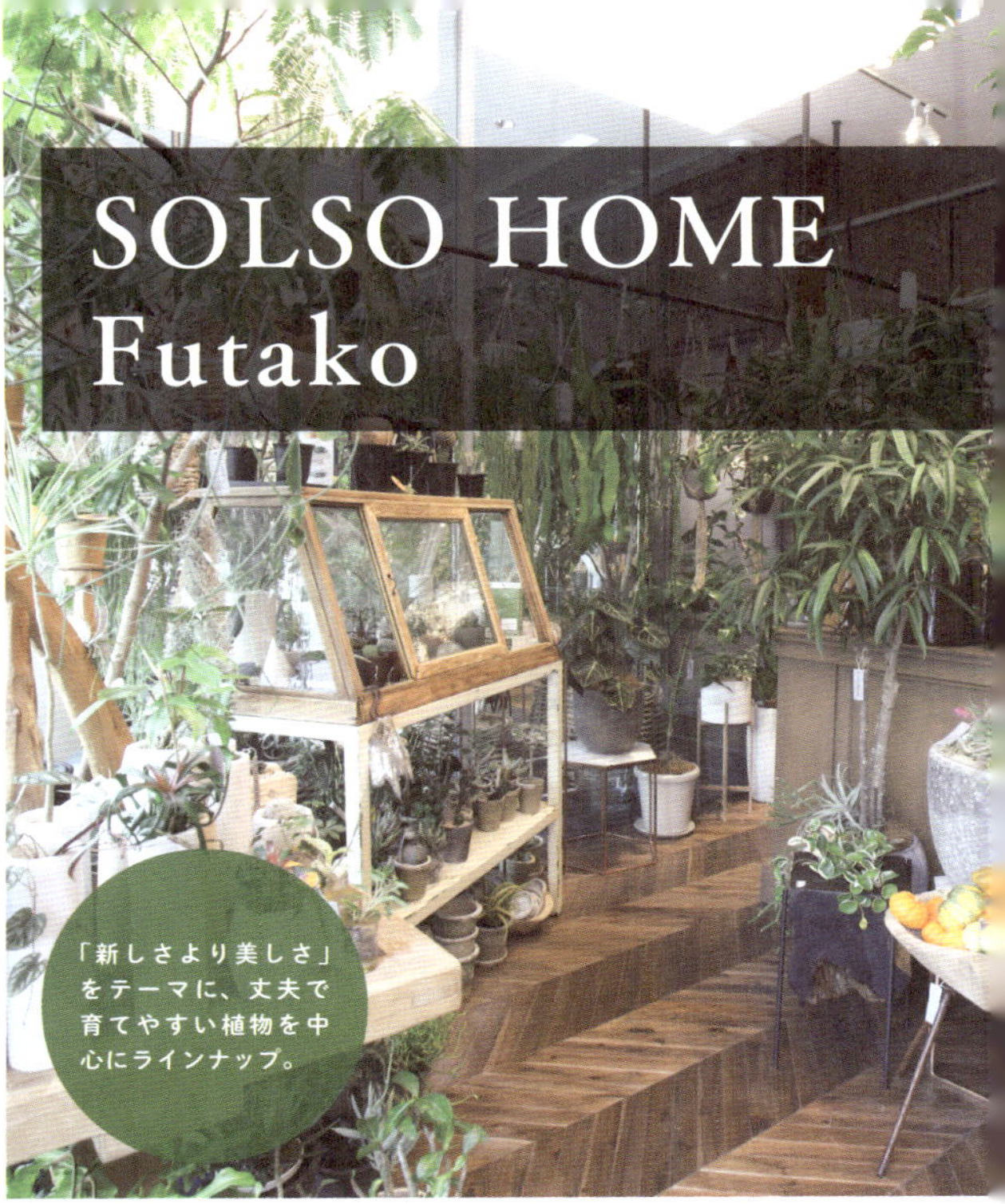

SOLSO HOME Futako

「新しさより美しさ」をテーマに、丈夫で育てやすい植物を中心にラインナップ。

1 土を使わないエアプランツや飾りやすいハンギングなどが人気。

2 テーブルサイズから大きい植物まで、植え替えやケアの相談も丁寧に対応してくれるので、ビギナーにも安心。

「暮らしの空間をもっとおしゃれにしたい」が叶う場所

「玄関やリビングなど、空間と植物の相性をイメージしたい」。そんな時にまず足を運びたいのが、「SOLSO HOME Futako」。「二子玉川 蔦屋家電」の2階にあり、お買い物のついでにふらっと立ち寄れて、気軽に相談しやすいお店です。

限られたスペースでも置けるコンパクトかつ存在感のあるものから、大胆な枝ぶりや幹幅の太いもの、水耕栽培でも育てられる植物まで種類豊富。そのまま飾っても空間がパッと華やぐグリーンが多く、植物を初めて暮らしに取り入れる人にとってはうれしいポイントです。

「新しくて珍しい植物より、見慣れた植物を美しく、日々の暮らしを豊かに彩ってほしい」という想いから、SOLSOの系列の中でもより日々の生活の中に取り入れやすい植物がラインナップされています。

SOLSO HOME Futako

ソルソ ホーム フタコ

世田谷区玉川 1-14-1 二子玉川ライズ S.C. テラスマーケット蔦屋家電内 2 階

03-6447-9775

11:00 ～ 19:00

休 不定休

東急大井町線・田園都市線二子玉川駅から徒歩 4 分

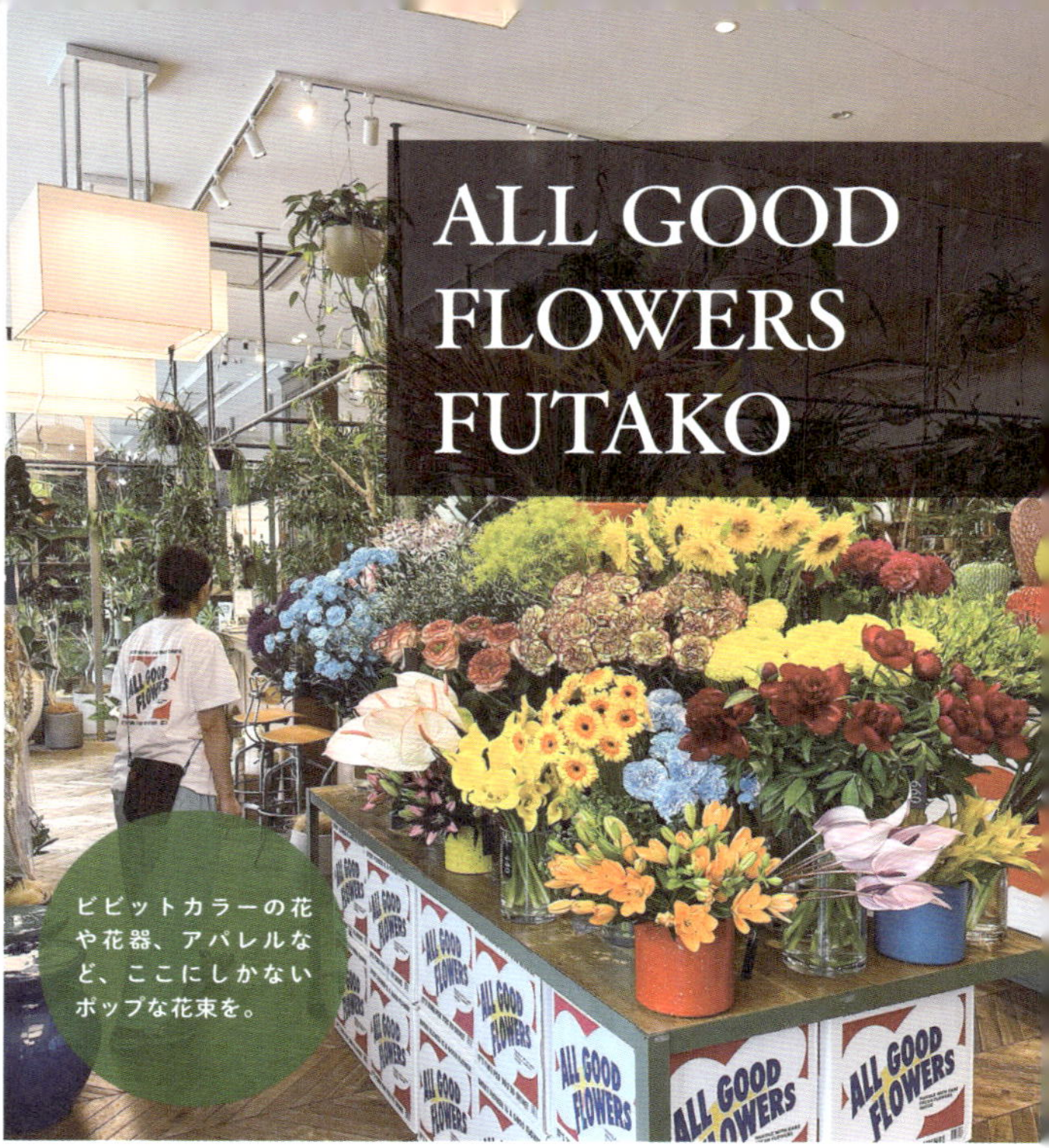

ALL GOOD FLOWERS FUTAKO

ビビットカラーの花や花器、アパレルなど、ここにしかないポップな花束を。

1 花を包む包装紙も受け取った人を元気にしてくれるデザイン。店内に積まれた段ボールまでかわいい。

2 SOLSO HOME Futako の奥に隣接するお花屋さん。

ハッピームード満点！ ポップでカラフルなお花に出合う

SOLSO HOME Futako の奥には、〝お花をよりデイリーにカジュアルに〟をテーマに掲げる「ALL GOOD FLOWERS」のフロア。ファッションを選ぶようにカジュアルに1本から購入できます。なかには一般的なお花屋さんではあまり見かけない南国ムードたっぷりのネイティブプランツも。ポップでカラフルな花々が揃っているので、贈る相手を元気づけてくれるような花束をオーダーすることも可能です。

また、このお店を訪れたならぜひチェックしたいのがオリジナルグッズ。お花をモチーフにした日常使いしやすいアパレルや見ているだけで気分が上がるような花器、雑貨が並び、飾って愛でるだけではないお花の楽しみ方を体験することができます。

ALL GOOD FLOWERS FUTAKO
オールグッドフラワーズ フタコ

世田谷区玉川 1-14-1 2F
二子玉川ライズ S.C. 蔦屋家電内

☎ 03-6411-7142

10:00 ～ 20:00

休 不定休

東急大井町線・田園都市線二子玉川駅から徒歩4分

GOOD GREEN THINGS

市場直送の野菜が満載のヴィーガンファームカフェ

有機ソイミートでつくられたナゲットとホクホクのおいもが人気。

ALL GOOD FLOWERS の隣にあるのはプラントベース100%のカフェレストラン「GOOD GREEN THINGS」。世田谷市場直送の新鮮な野菜やフルーツを使用したヘルシーなメニューを提供しています。野菜だけを使ったとは思えないほどボリュームたっぷりのサラダボウルやドライカレー、フレッシュドリンクなどはテイクアウトもOK。チョコミントやマンゴーココナッツミルクなど、常時10種類ほどから選べるヴィーガンジェラートも人気です。

フードロスにも積極的に取り組んでいるという同店。店内にもグリーンが生い茂り、目にも身体にも環境にもやさしい、心安らぐ時間を堪能できます。

GOOD GREEN THINGS《グッド グリーン シングス》

世田谷区玉川 1-14-1 2F
二子玉川ライズ S.C. 蔦屋家電内

☎ 03-5491-8550

🕒 10:00 ～ 20:00

休 なし

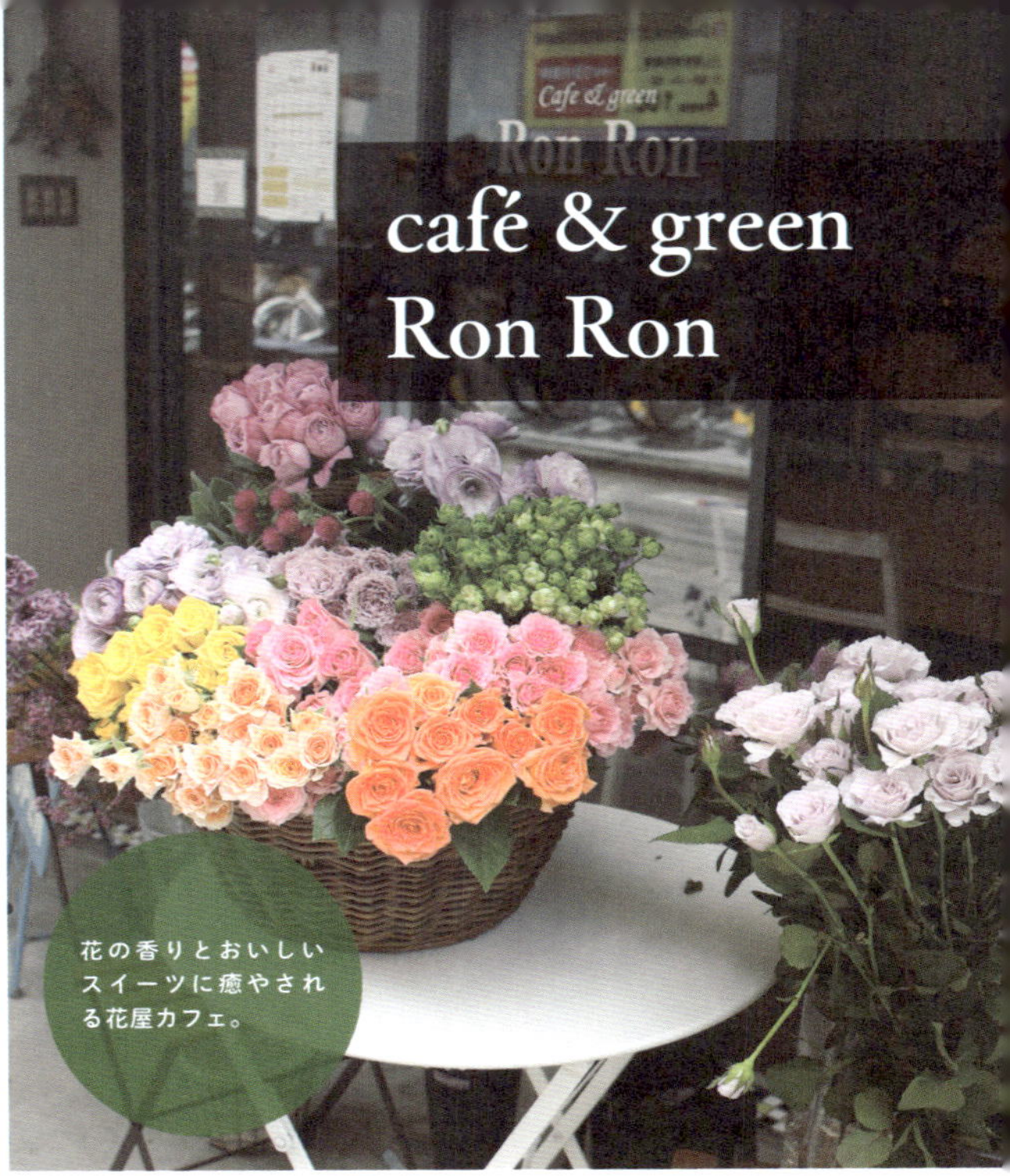

café & green Ron Ron

花の香りとおいしいスイーツに癒やされる花屋カフェ。

可憐なドライフラワーに囲まれて穏やかな時間が流れる

フランス語で「猫がゴロゴロしている様子」を「Ron Ron」というのだそう。猫でなくとも、その居心地のよさに思わずゴロゴロしてしまいそうな空間が、二子玉川駅から歩いて2分ほどの場所にあるこのお店。木のぬくもりのある明るい店内には、チューリップやススキ、ミモザ、野バラの実など季節を象徴するようなドライフラワーが壁一面、天井にも飾られています。

プリザーブドフラワーも組み合わせ、季節に合わせて年に4回がらりと変わる店内はまるでひとつの作品のよう。ブーケやリースとして飾るスタイルはもちろん、身近なものを使ったり、1輪でもかわいく飾ったりして、お店を訪れた人が真似したくなるヒントも随所に感じられます。日が暮れると各テーブルにキャンドルが灯り、昼間とはまた違った印象に。

1 スワッグだけでなく、1輪だけ扉や壁にかけて飾ってもかわいい。

2 アンスリウムやひまわりなどさまざまな花のドライフラワーを制作するラボのような雰囲気。

café & green
Ron Ron
カフェアンドグリーン ロンロン

世田谷区玉川 3-10-5
第2明友ビル 1F A号室

03-6447-9092

月・水・木曜 10:30 ～ 19:00
金曜～日曜 10:30 ～ 20:00

休 火曜

東急田園都市線・大井町線二子玉川駅から徒歩2分

シンプルレシピで丁寧に心に染みるスイーツと料理

「今まで食べた中で一番おいしい」と名高いキャロットケーキ。

花の美しさをそのまま活かすドライフラワー同様に、〝シンプルなレシピが魅力のおいしいものたち〟。なかでも、クラシカルな手づくりキャロットケーキは、やさしい甘さとしみじみ広がるシナモンの香りがクセになる一品です。

お腹がすいている時には、ジューシーな国産ひき肉を使ったキーマカレーを。自家製スパイスでじっくりと仕上げつつも、辛みは抑えているので、子どもでも食べられるひと皿に仕上げられています。旬のフルーツがたっぷり載ったヨーグルトとソフトクリーム仕立ての「季節のパフェ」もコンプリート必至。やさしくておいしい料理やデザートに心と身体がゆるり、ほどけていきます。

キーマカレーなどの自家製ランチもいただける。

グリーンギャラリーガーデンズ 八王子本店

敷地全体の名称は「Water hill Garden」。専用の瓶を買うと地下120 mから汲み上げる水が汲み放題。

広大な敷地内でお気に入り散策を

八王子市松木の富士見台公園がそばにある自然豊かな場所に広がるのが、１３００坪の広大な敷地内にマルシェや観賞魚の販売などのお店も並ぶ複合施設「Water Hill Garden」。その一角に、植物を愛する人の間では「知らない人はいない」といっても過言ではないほど有名な「グリーンギャラリーガーデンズ八王子本店」があります。大型の植木から宿根草、一年草、オージープランツ、多肉植物、観葉植物や雑貨にいたるまでが所狭しと並び、テーマパークに来ているようなワクワク感を感じられる場所になっています。

外のエリアには、生産者にこだわった花苗やハーブ・野菜苗が種類豊富に揃い、ガーデニングを楽しむ人にとっても大満足

のフロアに。ジャングルのように緑で埋め尽くされた屋内の観葉植物エリアに並ぶのは、店長自ら産地に出向いて仕入れた高品質な植物です。

シンプルなデザインから柄ものまで幅広い鉢が揃っているので、選ぶ楽しみも。ここに来れば「無いものはない」といわれるのも納得です。

1 寄せ植え、お庭を楽しむガーデンピックの提案や、花手水など生活を豊かにするアイデアが随所に。

2 ジェリーボールで育てられる植物も。

イベントのこだわり

生産者による即売会やワークショップなどのイベントを定期的に開催し、植物についての疑問や情報を直接聞いたり、植物好き同士が交流したりできる場を多数設けている。

2

2

1

1 2 3

店内にはプロがおすすめするガーデンアイテムだけを集めたコーナーや花瓶・ドライフラワーなどの雑貨、ヨーロッパから仕入れたアンティーク家具も。

グリーンギャラリーガーデンズ八王子本店《ぐりーんぎゃらりーがーでんずはちおうじほんてん》

八王子市松木 15-3
Water Hill Garden 内

042-676-7115

10:00 ～ 18:00
※火曜は 17:00 まで

休 なし

京王相模原線京王堀之内駅から徒歩 15 分
京王バス「フェアヒルズ入口」下車徒歩 1 分

イベントにマルシェ 植物との時間をまるごと楽しむ

Water Hill Gardenは100年以上この地で湧く水を活用して錦鯉を育て、海外輸出する「吉田観賞魚」の発祥のお店、店内ではフォトコンテストや感謝祭などお客さん参加型のイベントやねこチップ植え替えイベントや講習会など、楽しい催しが盛りだくさん。熱帯魚やアクアリウムのエリアがあるのも特徴的。コイのエサやりや釣り堀、金魚すくいも一年中楽しむことができます。

敷地内のパサージュ沿いには産直野菜や全国のおいしいものが揃うマルシェやパン屋・ケーキ屋さんも。植物との暮らしをアップデートしてくれるアイテムを宝探し気分で見つけることができます。休日には家族連れで緑ある空間を楽しむ姿も。一日いても飽きません。

Garden cafe Au coju

西欧風のレンガ造りの店内でプレートランチはいかが

施設内のマルシェで販売している新鮮な野菜やパンも味わえる。

ベルギーから取り寄せたレンガを使って内装や外観までも手づくりという「Au coju」。多摩地方の言葉で「仕事の合間にお茶しよう」といった意味の方言を由来とする同店では、自家製生地の本格石窯焼きピッツァやハンバーグなどの創作料理を楽しめます。

中でも常連さんがこぞって頼むのは、有名イタリアン料理屋で腕を振るってきたシェフがつくるパスタ。内容が定期的に変わるので何度でも食べたくなる一品です。初めて訪れた時には、看板メニューが少しずつワンプレートに載ってくる「ガーデンズプレート」を。ローストビーフ・低温調理をしたサーモン・洋風オムレツ・ラペなど計8種を贅沢に楽しめます。

Garden cafe Au coju《ガーデンカフェ オコジュ》

八王子市松木 15-5 Water Hill Garden 内

☎ 042-653-9125

11：00 ～ 18：00（LO17：00）

休 火曜

the Farm UNIVERSAL MINAMIMACHIDA

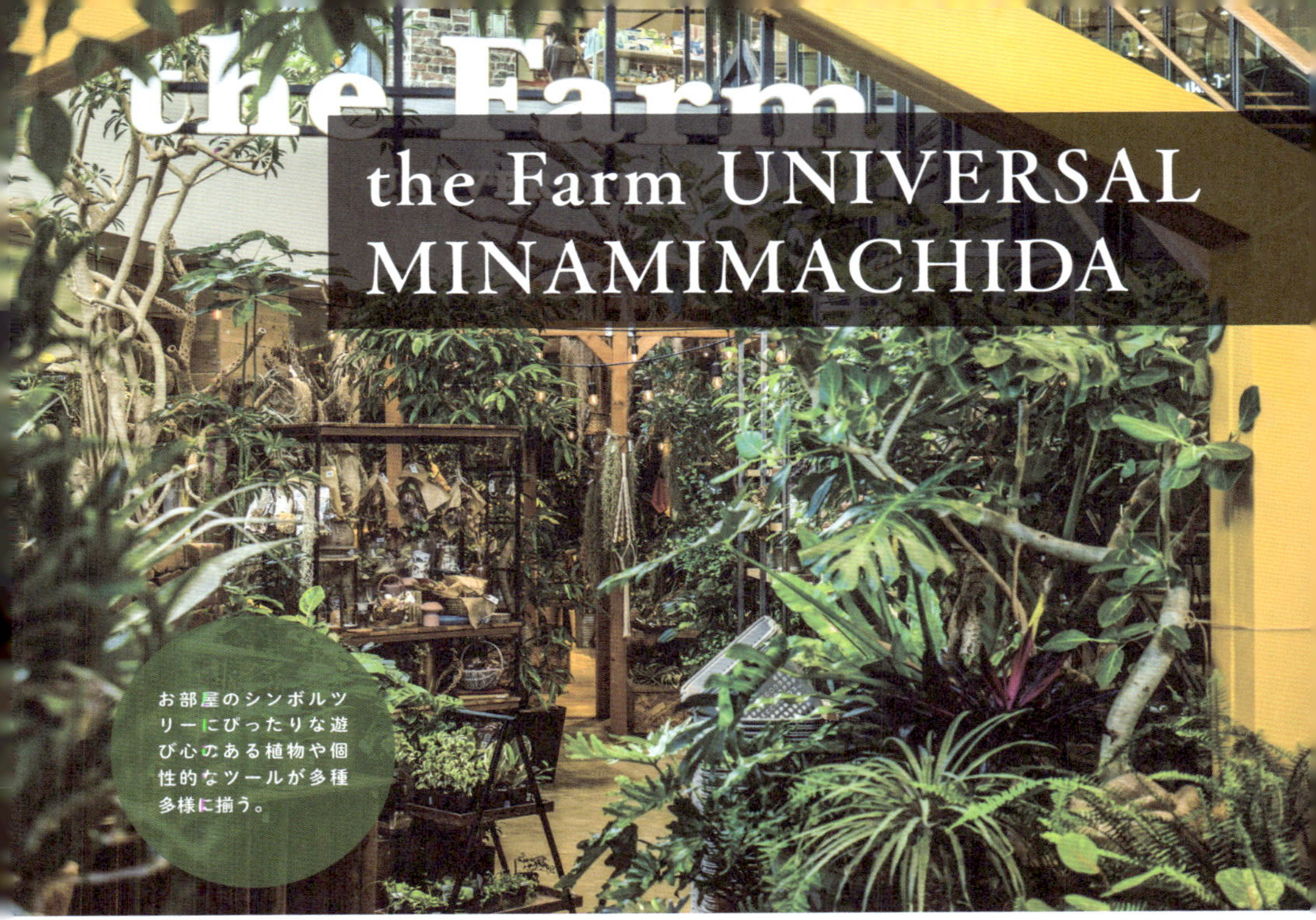

お部屋のシンボルツリーにぴったりな遊び心のある植物や個性的なツールが多種多様に揃う。

遊び心あふれる空間で見つける毎日の暮らしを彩る植物たち

200以上の店舗や緑豊かな公園が広がるアウトレットモール「南町田グランベリーパーク」内にあるのが、このお店。同店が掲げる「全ての人が楽しめる植物の楽園」というコンセプトどおり、初めて植物を買う人も手を伸ばしやすいアイテムから上級者向けの植物まで豊富に揃います。

外のガーデンには、人気のオージープランツなど雰囲気のあるアウトドアプランツがずらり。店内に入ると巨大なジャボチカバやエバーフレッシュが迎えてくれます。木のポットやスツールが印象的な空間に多く並ぶのは、比較的育てやすい植物の数々。インテリアの主役になるデザイン性の高い鉢に植え込まれたフィカスやシェフレラ、盆栽風に仕立てたガジュマルやパキラなど初心者にもうれしいラインナップです。

植物のこだわり

卓上サイズの観葉植物からお庭で育てる高木などの大型のものまで、生花やドライフラワー、ガーデニングツールも「自分に合う」が見つけられる充実のラインナップ。真似したくなるようなアイデアも園内に多数ちりばめられている。

3

1

4

2

1 2 ヒボタンやお魚の口のようなヘキギョレンなど見た目がかわいい植物も多数。

3 4 植物を愛でて、買って、食べて、遊んで……全世代が楽しめる。

盆栽仕立ての観葉植物など創造力がふくらむアイデアも

店内奥へ進むと、スタッフ自らが板付けしたビカクシダやエアプランツ、ちょっとしたギフトにもなるドライフラワーのフロアも。限られたスペースを森のように演出してくれるハンギングのグリーンは、さまざまなスタイルのものが揃います。スコップなどのガーデニングツール、鉢、植物に関する文房具や雑貨が並ぶ、遊び心満点のメインガーデンも必見。

お庭づくりをサポートしてくれる「おにわのそうだんしつ」の隣には、サボテンや多肉植物、苔テラリウムなど植物好きが何時間でも見ていられるフロアが。おばけのようなユーフォルビアホワイトゴーストや王道のパキポディウムサウンデルシーなど幅広い種類、品種が取り扱われています。

the Farm UNIVERSAL MINAMIMACHIDA

ザ ファーム ユニバーサル ミナミマチダ

町田市鶴間 3-4-1
南町田グランベリーパーク内

042-850-7230

10:00 ～ 20:00

休 グランベリーパークに準じる

東急田園都市線南町田グランベリーパーク駅直結
神奈川中央交通南町田グランベリーパーク駅下車すぐ

FARMER'S KITCHEN MINAMIMACHIDA

緑に囲まれたリラックス空間で遊び心のあるひと皿を

どこからどう見ても鉢植えにしか見えない、絶品ティラミス。

店内奥には、「食べること」を通して植物を感じられるファーマーズキッチンが併設。緑に囲まれた空間の中で野菜やハーブなどをふんだんに使った料理を楽しむことができます。中でも人気なのが、店内の石窯で焼く本格ピッツァ。彩り豊かな野菜がたっぷり載った「ファーマーズ」や王道の「マルゲリータ」などアツアツの焼きたてを味わうことができます。

横浜市内産のうずまきビーツやノーザンルビーなどがいただけるバーニャカウダーやガーデンサラダも、野菜だけでおなか一杯になれる大満足の一品。鉢植えに見立てた「鉢植えティラミス」など目で楽しく、味わっておいしい絶品スイーツは家族連れにも大人気です。

FARMER'S KITCHEN MINAMIMACHIDA
ファーマーズキッチン ミナミマチダ

町田市鶴間 3-4-1
南町田グランベリーパーク内

042-850-7231

11:00 ～ 20:00（L.O. フード 19:00／ドリンク 19:30）

グランベリーパークに準じる

奇妙な植物園

アーティスティックな植物たちとじっくり対峙できる９坪ほどの空間。

趣味の世界に没入できる 珍奇植物に囲まれた隠れ家空間

町田市のＪＲ横浜線相原駅を降りて、徒歩1分。路地裏を歩いていくと、「奇妙な植物園」と書かれた看板が目に留まります。階段を上がると迎えてくれるのは、奇妙な造形美を持つ〝珍奇植物＝ビザールプランツ〟たちの数々。

天井からドライフラワーが垂れ下がる秘密基地のような空間には、マダガスカルや南アフリカなどの乾燥地の植物から南米ジャングルの熱帯植物まで、不思議な魅力を持つ植物が整然と並びます。

お客さんには自分のペースでゆっくり見てほしいので、店員からはあえて話しかけないというのが園長のモットー。植物を肴に晩酌をするのが好きという園長は、植物と本とカフェが共存する〝植物を愛でてまったりできる場所〟をこの地でスタートさせました。

空間のこだわり

植物を眺めながらコーヒーを飲んだり本を読んだりして思い思いの世界に没頭できるよう、一人掛けの座席を用意するなどの工夫も。植物マニアからアーティストまで訪れる人も多彩。

1 9坪ほどの空間ながら、余すところなく植物で埋め尽くされている。

2 3 個性的な形のサボテンやパキポディウムなど、気に入ったものが見つかったらぜひ園長に話しかけてみて。マニアックな話が聞けるかも。

育てる楽しみを味わう実生株
個性的な見た目の植物が勢揃い

園内には塊根植物をはじめ灌木《かんぼく》、ユーフォルビアなどのさまざまな珍奇植物が並び、すでに完成された個性的な形を楽しめる高価な現地株のほかに、日本で種から育てられた手頃な価格の〝実生株〟も種類豊富に揃います。

実生株は初心者からマニアの方まで、「どのような形に育っていくのかわからない点が楽しい」とハマる人も多いのだとか。亀の卵のような多肉植物や生き物の一部のように見えるサボテンの接木など、〝万人に好まれるよりも誰かの特別に〟というコンセプトどおり、思わず見入ってしまう色味や形の植物がずらり。園長が手掛けるオリジナル鉢なども扱われ、その場で植え替えにも対応してくれます。〝自分だけの運命の一鉢に出合う〟時間を味わってみては。

奇妙な植物園
きみょうなしょくぶつえん

町田市相原町 1158-5 2階

☎ —

🕒 4:00 ～ 19:00

休 不定休

JR 横浜線相原駅（東口）から徒歩 1 分

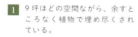

個性的な本を片手に
ドリンクとスイーツを味わう

熱いエスプレッソと冷たいバニラアイスの絶妙な組み合わせ。

植物の奥のスペースには、植物に関する本をはじめ、アートブック・写真集・ZINEなど園長自らが選書した本が囲む5席ほどのカフェスペースが。カフェメニューを頼めば店内の本を自由に読むことができます。

木のぬくもりあふれる心落ち着く空間でいただけるのは、バニラアイスが添えられたふわふわ食感のスフレやチョコブラウニーなどのスイーツに加え、コーヒーや抹茶ラテ、ふじりんごジュースなどのドリンクからオムライスなどの軽食まで。深煎り豆のエスプレッソをバニラアイスにかけていただく「アフォガード」は、常連さんにも人気のメニューです。店内の一角ではアーティストによる個展が開かれることも。

園長が「読みたい」と思ったものだけ選りすぐられた本が並ぶ。

sekiguchi-dai | 音ノ葉 |

敷地いっぱいに広がる花苗や温室の観葉植物。宝探しのようにお気に入りを探してみて。

多品種の花苗や観葉植物が見つかる目白通りにある緑の専門店

目白通り沿いの椿山荘や肥後細川庭園のほど近く、都内でも比較的緑豊かなエリアにお店を構える同店は、四季の移り変わりを感じられる花や野菜の苗、観葉植物などを豊富に揃えるグリーンショップです。

見渡す限り広がる温室内には、アレカヤシ、サンスベリア、ゴムの木などお部屋の印象をガラリと変えてくれる大型の観葉植物から、多肉植物、エアプランツ、ハイドロカルチャーなど初心者でも手に取りやすいサイズのものまでが整然と並びます。一つの植物でも複数の品種が揃っていたり、新品種が取り扱われていたり。約1500種の植物が並ぶ、種類の多様さも魅力のひとつです。ガーデニングを楽しむ雑貨やアイテムも専門店ならではの品揃え。平日の昼間でも植物を愛する人々で賑わいをみせています。

植物のこだわり

春は彩り豊かな草花、夏は青々としたグリーンなど、「緑から四季の移り変わりを感じる」をコンセプトにしているだけあってその時々によって最旬の植物を提案してくれる。

1 2 3 濃いピンクと黄色のリナリアなど、春の花苗コーナーは彩り豊か。

4 さまざまな鉢や資材など「ないものはない」と言っても過言ではない品揃え。

栽培についての相談や植物のことならおまかせあれ

店外には季節ごとに美しい姿を見せる花苗やハーブ苗、果樹、野菜苗をゆっくりと見て回れるエリアも。初夏には湿地などに自生するミソハギや花弁がかわいいガイラルディア、さまざまな品種のタチアオイなど印象的な花を咲かせるものから、レモンバーム、リシマキアまで、ガーデナーにも大満足のラインナップです。

なかでも、ナチュラルな雰囲気を放つ、アート作品のような寄せ植えはギフトにも大人気。日本全国のクリスマスローズの育種家たちの花が揃うため、1～3月頃はそれらの美しい花々を求めて遠方からお店を訪れる人も。植物に関するワークショップが定期的に開催され、相談にも気軽に乗ってくれるアットホームな雰囲気に心が温まります。

sekiguchi-dai
|音ノ葉|
セキグチダイ おとのは

文京区関口 2-11-31

03-3942-0108

10:00 ～ 18:00

休 月曜

東京メトロ有楽町線護国寺駅(6a出口)・江戸川橋駅(1a出口)から徒歩 10 分
都営バス「ホテル椿山荘東京前」下車すぐ

野菜倶楽部 oto no ha Café

素材の美味しさを噛みしめる ファーム野菜プレート

農場直送のお野菜は味が濃厚で、そのまま食べてもおいしい。

ショップに隣接するカフェは、新鮮な野菜やフルーツをたっぷり使ったお料理をいただけるお店。国産の杉を贅沢に使った空間で窓から木々を見ていると、ここが都心であることをすっかり忘れてしまいます。

静岡県にある自社農園で栽培された野菜がたっぷり食べられる「ファーム野菜プレート」は、お店でも人気のメニュー。シンプルながら旬の素材のおいしさを堪能できるひと皿です。スイーツやフレッシュジュースは最旬の食材を使っており、内容が定期的に変わるので何度も足を運ぶ楽しみになるはず。

毎年5月頃からは、木々に囲まれたテラス席でBBQも楽しめます。

野菜倶楽部
oto no ha Café
やさいくらぶ オトノハカフェ
文京区関口 2-11-31

☎ 03-3942-1077

9:30 ～ 21:00（L.O.20:00）
テイクアウト 11:00 ～ 17:00

休 月曜

JUURI

印象的なアレンジメントを仕立ててくれる花屋とワインバーが同じ空間に。

ワイン×花と植物がつくりだす ため息が出るほど美しい空間

京急蒲田駅から歩いて約5分。商店街の中にお店を構える「JUURI」は、お花屋とスタンディングバル、ワインショップがひとつになった個性的な空間です。コンセプトは「気軽に入れる日常使いのお花屋さん」。お買い物のついでに立ち寄ってお花を買っている人も見受けられ、地元の人たちからも愛されていることが伝わります。

コンクリート打ちっぱなしのスタイリッシュな空間に並ぶのは、旬のお花をメインに、枝ものやちょっと変わった見た目のお花など常時約50種。中には、新しい品種のお花や染めることで絶妙なニュアンスカラーを引き出したお花もちらほら。花瓶や水を使用しない、空気でお花を包むラッピング「エアフルール」を採用していて、1本のみのお花でも心ときめく贈り物にしてくれるはずです。

ギフトのこだわり

個性的なお花をポイント使いする印象的なフラワーアレンジメントと好きなワインをセットで贈れる「フラワー＆ワインギフトバスケット」はJUURIならでは。バスケットに入っているのでそのまま飾れるのもうれしい。

1 3 植物を主役にさせるおしゃれな鉢やポットも多数。

2 動きのある印象的なアレンジメントが得意。

“ちょっと個性的”なお花と植物に遭遇できる

JUURI
ユーリ

大田区蒲田 4-19-1 蒲田マロニエビル 1 階

☎ 03-3737-1243

花屋 12:00 ～ 19:00
ワインバー & カフェ
15:00 ～ 25:00
ワインショップ
12:00 ～ 25:00

休 不定休

京急蒲田駅から徒歩 2 分

観葉植物は育てやすいものはもちろん、つぶつぶとした葉っぱがかわいい「ディスキディアミリオンハート」や樹形に動きがある「パキラグラブラ曲がり仕立て」など個性派揃い。飾るだけで空間がグレードアップするインドアプランツが豊富です。ほとんどの商品が鉢と植物の別売りで販売されているので、自分好みの組み合わせを見つけて、その場で植え替えてもらうことも可能。窓際などにかけられるハンギングポットやインテリアに馴染みやすいシックな色合いの鉢も種類豊富に揃います。

ドライフラワーと木、むき出しの配管などが不思議な調和を生みだす店内奥のスペースでは、ミモザのリースやクリスマススワッグのワークショップなども。

自然派ワインを味わいながら贅沢なおつまみを

無花果のフリットと生ハムは甘じょっぱくてクセになる。

併設するスタンディングバーでは、全国各地から届く山菜や真鯛白子など新鮮な素材を使ったひと皿と自然派のワインを。ホタルイカのアヒージョなどワインに合うメニューはもちろん、おなかをしっかり満たしてくれるお米料理までラインナップも充実しています。中でも、「無花果のフリットと生ハム」はぜひ食べてほしい一品。毎年夏から秋の旬の時期に提供されるので、狙って行ってみても。

　店内中央にはワインセラーもあり、約３００種のスペイン産ナチュラルワインの中から、お気に入りの一杯を探すのも楽しいです。年に数回開催される花と食を絡めたイベントやワインのつくり手と交流できるイベントも大人気。

店内のワインセラーにはナチュラルワインが常時300種以上。

And more

都内その他のエリアの素敵なグリーンショップを
もっとご紹介します。

BOTANICAL SHOP foo-flo

ボタニカルショップ フーフロー

等々力駅

花苗、切り花、グリーンなど、季節感にこだわり選定。「ここに住みたい！」という声も多いそう。

何度も訪れたくなる お花の家

等々力渓谷にほど近いお店は、ほっとするような温かみを感じる場所。季節のお花やグリーンであふれています。店頭の花壇や店奥にあるプチガーデンでは、植物の育っていく姿も見られ、購入後のイメージが湧くはず。オリジナルの寄せ植えアレンジ「ブーケ・ド・ポ」(Bouquet de Pot) やリースづくりなど、多様なレッスンも随時開催。人気は「ブーケ・ド・ポ」のリメイクで、初心者でも本格的なアレンジが楽しめます。英国 HAWS のジョウロなどのガーデングッズや雑貨も。

レッスンの花材は好きなものを選んでつくれる。

月１回はオーガニック野菜の直売も。“おいしい”を食卓に取り入れてみては。

世田谷区中町 2-30-21 シルバー玉川 ☎ 090-9821-9077 10:00～19:00 休 月曜

Desert Plants

デザート プランツ

経堂駅

住宅街にぽつんと佇むお店。おすすめは、姿形が個性的なユーフォルビア。

サボテン・多肉植物の充実ラインナップ

多肉植物やサボテンを中心に扱い、初心者からマニア向け希少品種まで多岐にわたりセレクト。「珍奇植物」というジャンルの人気を受け、SNSの検索で来店する男性客も多いそう。

世田谷区宮坂3-6-3ブラック経堂1階　03-6432-6804　12:00-19:00　休 水・木曜（祝日営業）、その他不定休

Hachi green & garden

ハチ グリーン アンド ガーデン

世田谷代田駅

板付けや苔玉、ハンギングなど、多彩なディスプレイも目に楽しい。

個性豊かな鉢と植物

下北線路街の一角に佇む小さな店舗に、インドアプランツや庭木が所狭しと並びます。焼き物・ガラス・流木などさまざまな鉢に植えられた、表情豊かな植物からお気に入りのひと鉢が見つかるはず。

世田谷区代田5-6-11　03-6413-8839　11:00 ～ 19:00
休 水曜

SUBURB RANCH

サバーブ ランチ

梅ヶ丘駅

子ども連れも歓迎。店内にはベンチや、至る所に隠れるカエルの人形（！）も。

「育てる」がコンセプトのライフスタイルショップ

観葉植物とオリジナルのアパレル雑貨が混在するユニークな店内は、写真を撮る来店客も多数。メインで扱うビカクシダは、育てて増やす楽しみもあり、購入客とDMで相談のやりとりも多いのだとか。

世田谷区梅丘1-19-10　03-6413-5698　月曜～金曜 12:00 ～ 19:00、土・日曜・祝日 11:00 ～ 17:00　休 火曜

Green Gallery GRANDE 吉祥寺店

グリーン ギャラリー グランデ
きちじょうじてん

三鷹駅

見栄えや状態のよい観葉植物を厳選。「植物の状態がいい」との声も多い。

インテリアに映える お洒落なグリーンが見つかる

ひとり暮らしの方にも人気のゴムの木（フィカス）や初心者向け卓上サイズなど、部屋にフィットする大中小さまざまなサイズの観葉植物を販売しています。

武蔵野市中町 2-22-6　0422-38-6408　平日 11:00 ～ 18:30、土・日曜・祝日 11:00 ～ 19:00　休 金曜、不定休：木曜（※ HPのお知らせをご確認下さい）

WORLD GARDEN

ワールドガーデン

小岩駅

1階は小型から大型の植物と豊富な鉢カバー、2階は中型と塊根植物。駐車場あり。

大型グリーン専門店で 迫力を感じて

2m 以上の大型観葉植物が中心の専門店。都内では珍しい 3m 近い植物も扱い、圧倒的な品数に「ジャングルみたい」との声も。沖縄産の樹形や幹の曲げをきれいに仕上げた植物など品質も重視。

江戸川区西小岩 5-9-22　03-5668-8701　平 11:00 ～ 18:30　休 不定休（HP のカレンダーをご確認下さい）

Massimo Botanico

マッシモ ボタニコ

新小岩駅

2階から見下ろす景色は壮観。

下町の小さなジャングル

天井の高い空間に大小さまざまな観葉植物が所狭しと並ぶ様に、驚く来店客も多いそう。多種多様な品種が揃い、ぴったりのグリーンが見つかるはず。購入後は LINE でのアフターフォローも。

葛飾区奥戸 7-1-21 ガーデンプレース奥戸 1 階　03-5875-6362　火曜～木曜 13:00 ～ 17:00、土・日曜・祝日 12:00 ～ 17:00　休 月・金曜（祝日の場合は営業）

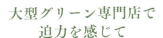

column 4

植物好きにおすすめのボタニカルスポット③

1年中お花見日和！ お花のテーマパーク

東京・稲城市のよみうりランド遊園地に隣接し2020年にリニューアルオープン。
ここにしかない、新しい植物の楽しみ方を提案してくれます。

HANA・BIYORI

ハナ ビヨリ

1500平米の温室にはフクシアやベゴニアを中心としたフラワーシャンデリアや観葉植物に囲まれたカフェエリアのほか、本物の花とデジタルが融合したアートショーなど、ほかではなかなか見られない花と植物の姿を楽しむことができます。ほかにも世界的ガーデンデザイナーPiet Oudolf氏設計の宿根草ガーデンなどが見られる屋外のガーデンやコツメカワウソと触れ合えるエリアも必見。

稲城市矢野口4015-1　@flower_hanabiyori

見る人の感情を投影

植物の新たな美しさを見出してくれるプロジェクションマッピングは、見ている人の感情をリアルタイムで分析して変わるマルチエンディングという仕様になっています。

四季の花々に彩られた小路

温室を囲うガーデンでは、ユリやクリスマスローズ、ウメ、サクラ、ユキヤナギなど、どの季節に訪れても散策を楽しめます。芝生エリアやホタルが自生する小川なども。

和の趣を感じるエリアではライトアップなどの期間限定イベントも開催。

PART 5

東京近郊 エリア

A 宮崎台
B 平沼橋
C 海老名
D 新綱島
E 秦野
F 柏の葉キャンパス
G 動物公園
H 流山おおたかの森
I 高根木戸
J 川口元郷
K 児玉

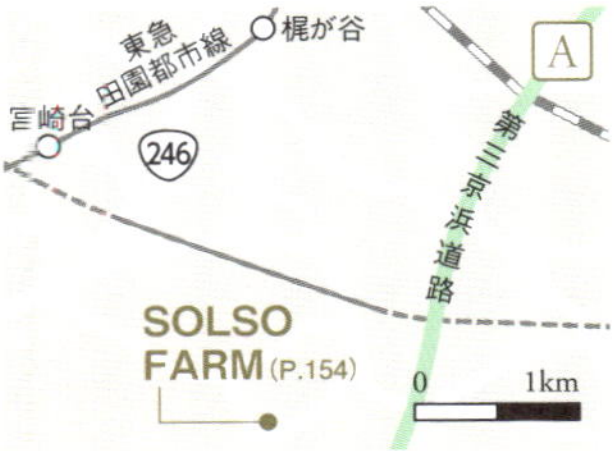

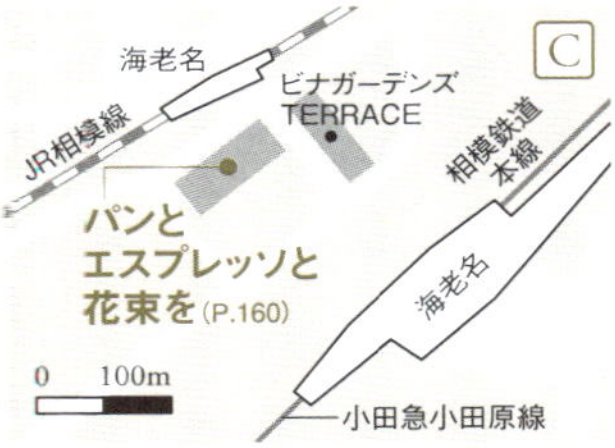

I
kawasemi green park (P.177)
高根台中
高根台
第二小
イオン
高根木戸
新京成線
0 300m

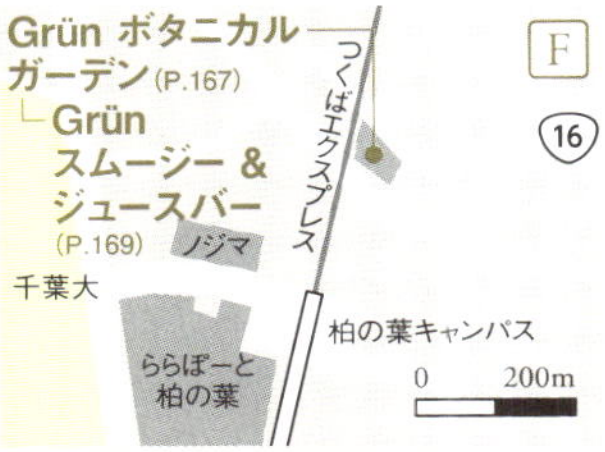
F
Grün ボタニカルガーデン (P.167)
Grün スムージー & ジュースバー (P.169)
つくばエクスプレス
16
ノジマ
千葉大
ららぽーと
柏の葉
柏の葉キャンパス
0 200m

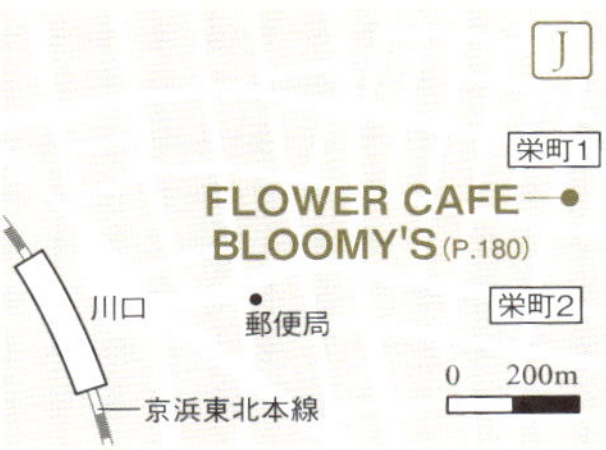
J
栄町1
FLOWER CAFE BLOOMY'S (P.180)
川口
郵便局
栄町2
京浜東北本線
0 200m

G
0 1km
the Farm UNIVERSAL CHIBA (P.170)
FARMER' S KITCHEN CHIBA (P.173)
16
千葉県
スポーツ
センター
千葉市
動物公園
穴川IC
動物公園
みつわ台
タウンライナー
京葉道路

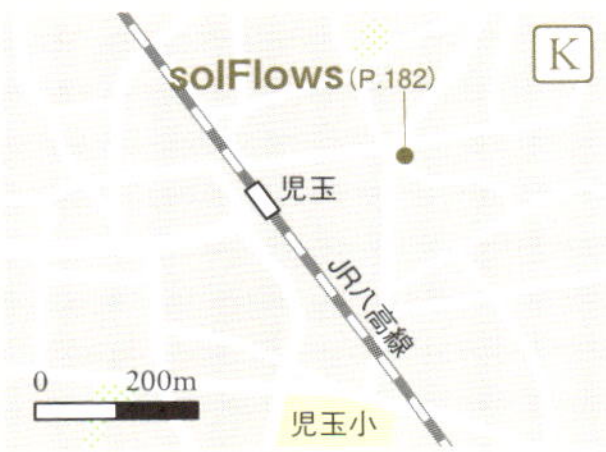
K
solFlows (P.182)
児玉
JR八高線
0 200m
児玉小

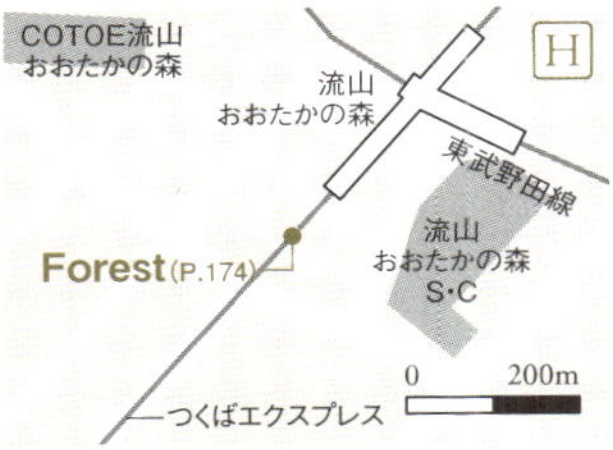
H
COTOE流山
おおたかの森
流山
おおたかの森
東武野田線
流山
おおたかの森
S・C
Forest (P.174)
つくばエクスプレス
0 200m

SOLSO FARM

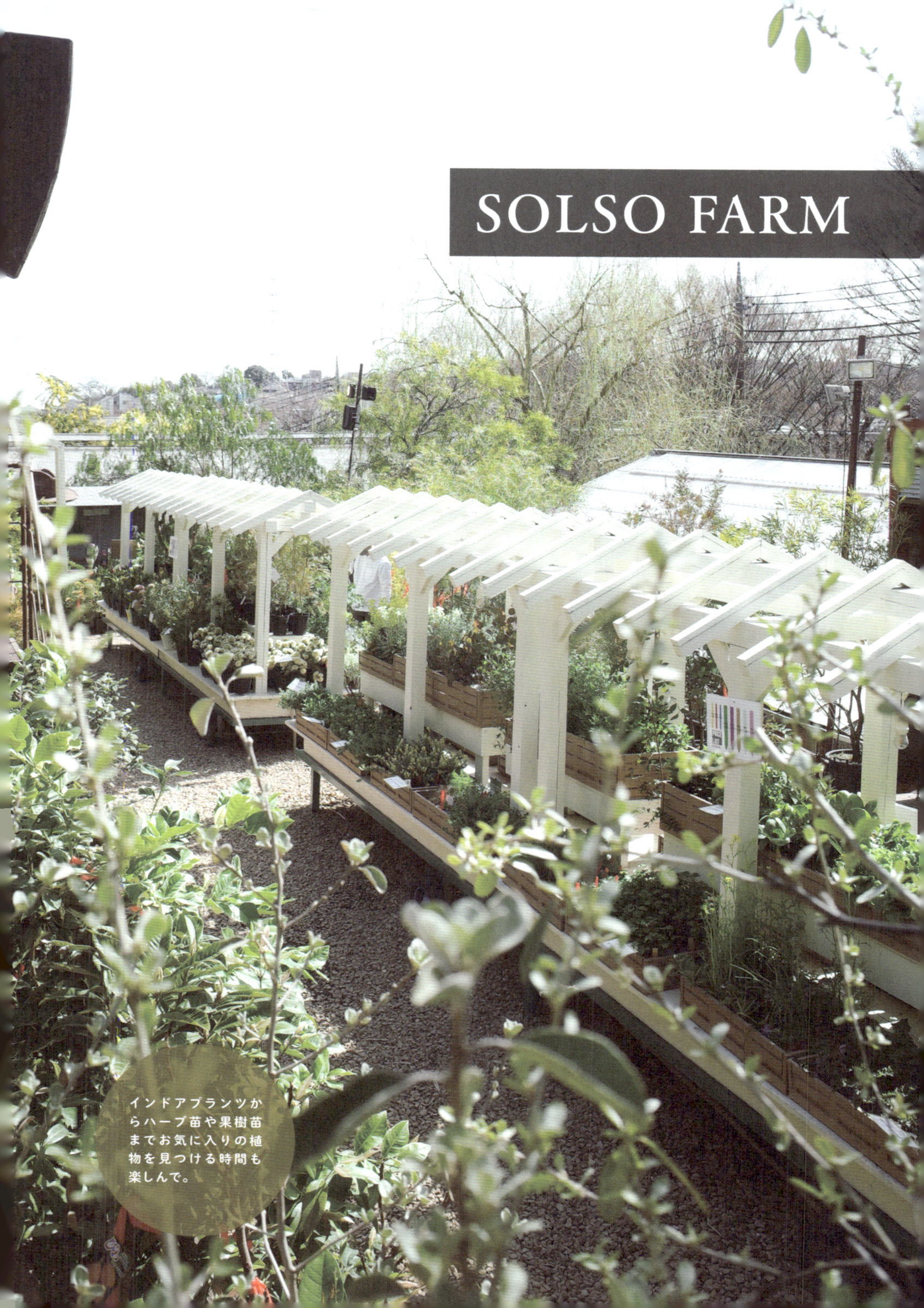

インドアプランツからハーブ苗や果樹苗までお気に入りの植物を見つける時間も楽しんで。

1 キッズエリアの中央にそびえたつツリーハウスは中に入ってもOK。

2 大人も子どもも一緒に楽しめるファミリーエリアも。

3 南国気分を醸し出す巨大な植物たちもたくさん。

キッズ歓迎のボタニカルパーク 五感で自然を感じる時間

川崎の広大な敷地の中に、休日のみオープンする「SOLSO FARM」。ファーム内には、子どもたちも遊べる仕掛けがたくさん隠れているほか、インドアプランツ、多肉、サボテン、ドライガーデン、観葉植物などが多品種で揃っています。

レモンやオリーブが植えられたファームを眺めながらのんびり過ごせるテラス席、子どもたちにも人気のツリーハウス。眺望が美しい芝生の丘や植物に関する本が自由に読めるファームライブラリー、カフェスペースまであるので、家族で訪れても1日中満喫できます。たっぷりの緑に囲まれた空間では、海外旅行に来たような非日常感とゆったりと流れる時間の中で、お気に入りの植物探しを楽しめます。

キッズエリアのこだわり

大人から子どもまでが素敵な植物に出合い、五感で自然と触れ合える場所を目指し、キッズエリアを充実。プレイエリアには、すべり台が付いたキュートな小屋も。

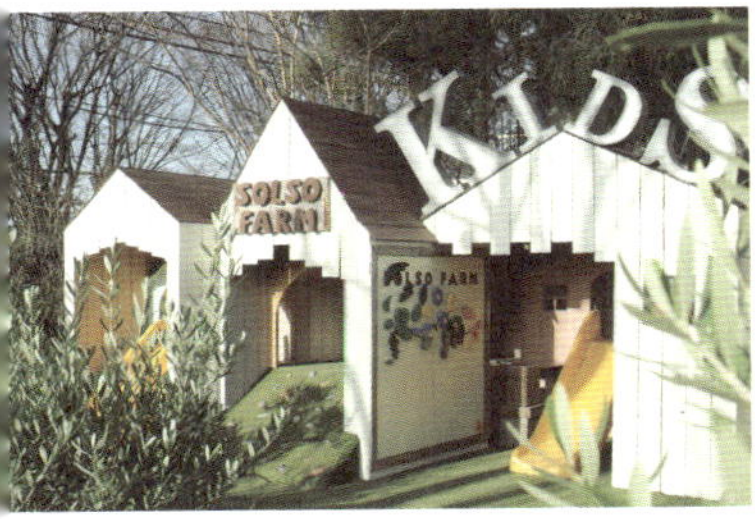

■1 ■2 初心者から植物玄人の方までグリーンアレンジを楽しめるアイデアがいっぱいのファーム内。

■3 天井から垂れ下がった鮮やかな色合いのお花が風で揺れる心地よいカフェスペース。

観葉植物からハーブ苗、サボテン ドライガーデンなど多品種が揃う

広い空と通り抜ける風に包まれながらファーム内を散策していると、咲いている花や緑の雰囲気からも四季の変化を感じられます。訪れる季節ごとに、ファーム全体の印象ががらりと変わるのもおもしろいポイントです。

また、エリアごとにレンガやアイアン、ウッドチップなど異なる地面の質感を体験することができるのも特徴です。自宅の空間づくりの参考にも◎。オリーブやオージープランツのほか、さまざまなカラーやデザインのオリジナルポットに植えられたセットも人気です。

土日祝日限定でオープンするファームマーケット。

SOLSO FARM

ソルソファーム

神奈川県川崎市宮前区西野川 2-6

044-740-3770

土・日曜、
祝日 10：00 ～ 18:00

休 月～金曜

東急田園都市線梶ヶ谷駅・東急東横線・南武線武蔵小杉駅から東急バス「野川台」下車徒歩 5 分

おいしく食べて、心地よい
プラントベースフードを

野菜がたっぷり入ったベジガパオ（季節により変更）が大人気。

ファームの入口を入ってすぐの場所にあるキッチンカーでは、植物由来のフードやジェラート、ハーブを使ったドリンクなどを提供。身体からも緑を取り入れる心地よい感覚を味わうことができます。しっかり食べたいという日には、野菜たっぷりのベジガパオやグリーンドライカレーを。隣接するドライフラワーに包まれた「FARM TO TABLE」内でゆったり腰かけて食べられるので、子ども連れでも安心です。

清々しい爽やかな香りが特徴のイエルバブエナというミントを使ったノンアルコールモヒート（アルコールもあり）も自然の恵みを感じる一杯。目の前のファームで収穫されたレモンを使った自家製レモネードもおすすめです。

緑いっぱいの園内を見渡せるテラス席でのんびり。

横浜イングリッシュガーデン「YEG Original SHOP&CAFE」

園内にはバラだけでなく、約300品種のアジサイや30品種ほどのサクラも。四季折々の風景を楽しめる。

1 ショップ内にはガーデニングをより楽しめる雑貨やバラ愛にあふれたアイテムも。

2 5月頃は園内のバラが見物。

2800株のバラに魅せられて 花と植物に身も心もゆだねるスポット

バラ好きの聖地としても知られる横浜イングリッシュガーデン。2000坪の敷地では約2200品種2800株のバラが育てられ、小道を歩きながらゆったりと愛でることができます。園内は5つのエリアに分かれていて、アンティークな雰囲気やハーブと組み合わせたポップな空間などカラーの異なる世界観を堪能することも。まるでイギリスの庭園に迷い込んだような非日常感を味わえます。

併設するショップでは、バラを愛する人が思わず手を伸ばしたくなるバラに特化した資材や肥料が並ぶほか、寄せ植えに使いやすい植物がずらり。ヘデラやフィカスなど育てやすいインドアプランツから、珍しい種類の球根、多肉植物まで季節に合わせた植物が、多い時には100種類揃います。植物愛がより高まるラインナップがうれしい。

横浜イングリッシュガーデン「YEG Original SHOP&CAFE」

よこはまいんぐりっしゅがーでん
ワイ イー ジー オリジナルショップ アンド カフェ

神奈川県横浜市西区西平沼町6-1
tvk ecom park内
横浜イングリッシュガーデン併設

SHOP 045-620-6020
CAFE 045-620-6218

10:00～18:00 ※冬季（12月～2月）は10:00～17:30
※横浜イングリッシュガーデンへの入園は入園料が必要

年末年始

相模鉄道相鉄本線平沼橋駅より徒歩10分

バラを〝食す〟という新しい魅力を発見して

ソフトの上にちりばめられたエディブルフラワーに思わずキュン。

イングリッシュガーデンの入口近くにあるカフェではバラを味わう体験を。ナチュラルな雰囲気の店内と開放感あふれるテラス席では、バラのエキスが入ったふわふわのバラのロールケーキやフラワーローズティーなど〝食すバラ〟の魅力に触れることができます。おすすめは、見た目にも華やかな「フラワーソフト」。バラとバニラのソフトクリームをミックスさせて仕上げているため、余韻にバラの香りを感じることができる爽やかな一品です。

小腹がすいた時には2種のハーブピクルスがついたプレッツェルドッグを。ミニパフェなどのメニューに使われているバラのジャム、季節限定のドリンクやデザートカップも必見。

ショップでも販売しているオリジナルパッケージのローズティーは贅沢にバラが香る上品な味わいが魅力。

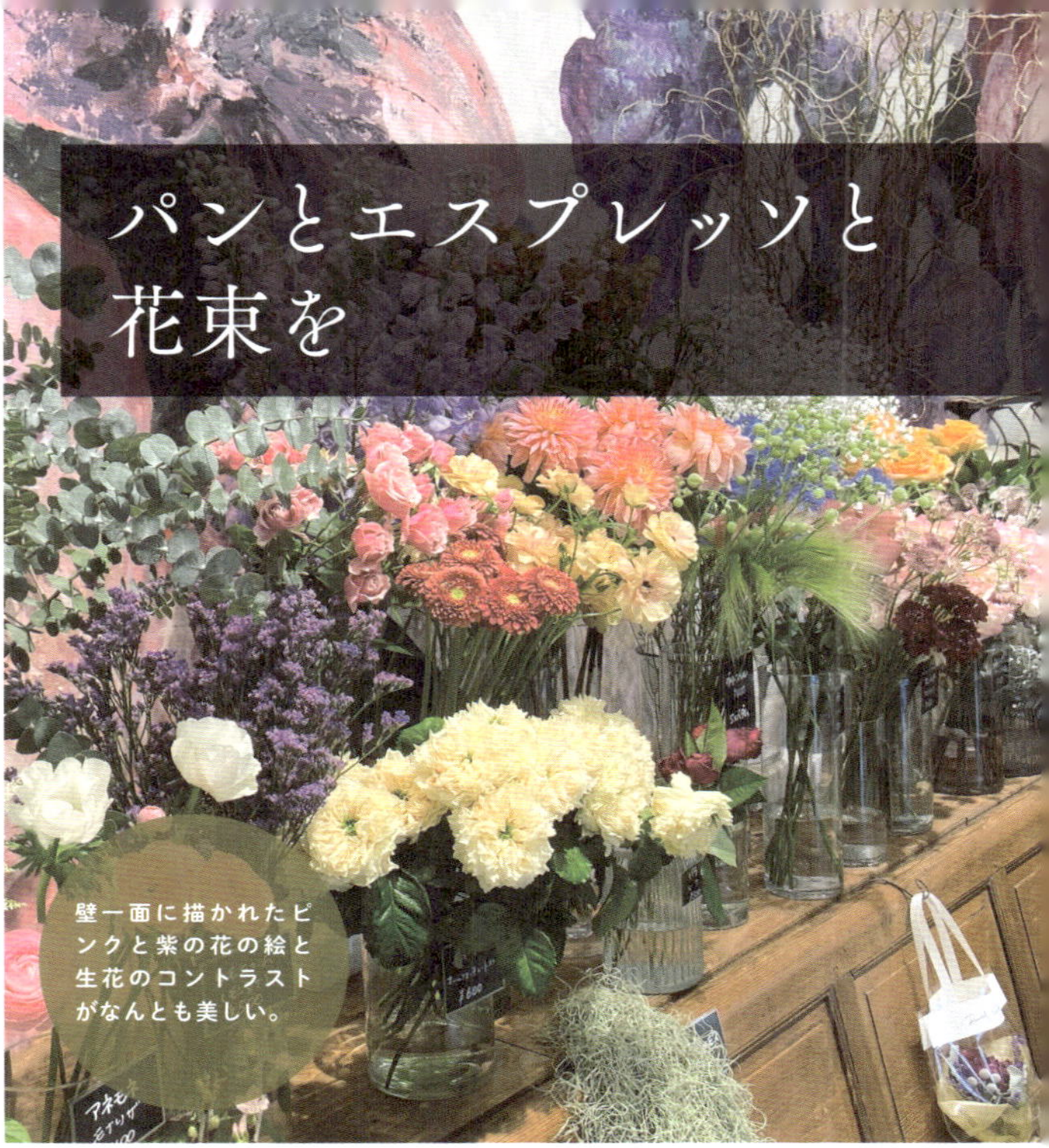

パンとエスプレッソと花束を

壁一面に描かれたピンクと紫の花の絵と生花のコントラストがなんとも美しい。

1 生花がドライになっていく過程を楽しめる。

2 花を前にしていただくと、お料理の味もより格別に。

南半球のネイティブフラワーとドライフラワーが魅力の空間

全国で人気のベーカリーカフェとして知られる「パンとエスプレッソと」初の花屋併設店舗でもあるこのお店。生花とドライフラワーの販売スペースが、カフェ空間にふわっと溶け込んでいて、居心地のいい空間を演出しています。

こちらでは、ヴィンテージの家具にもフィットするネイティブフラワーやくすみ系カラーの花々が。存在感のある個性的な種類のお花ばかりなので、花束にするとより特別感が引き立ちます。ドライフラワーは常に20種以上が揃い、ちょっと珍しい枝ものやツル系も。ロフト席の柵にはスワッグにしたお花が下げられていて、ドライになっていく工程も愛でることができます。カフェスペースにある季節の花一種類だけで彩られた中央のテーブル席は、花好きにとっての特等席。

パンとエスプレッソと花束を

ぱんとえすぷれっそとはなたばを

神奈川県海老名市めぐみ町 3-1
ViNA GARDENS PERCH3 階

☎ 046-240-1300

8:00 ～ 20:00（L.O.19:30）

休 不定休

小田急小田原線・相模鉄道相鉄本線・JR 相模線海老名駅から徒歩 2 分

眼前の花々を愛でながら手づくりの焼きたてパンを

バターたっぷりの「ムー」を使用した新食感のティラミスを。

植物とコンクリートがつくりだす、まるで物語のような世界観が広がる空間では、素材にこだわったパンと自社焙煎のコーヒーをいただけます。そしてお花を感じる華やかなスイーツも。

なかでも、リースのような見た目がかわいい「デザートプレート」は、まず食べていただきたいメニュー。自家製のキャラメルソースをたっぷりとかけたベイクドチーズケーキに、季節のフルーツと日替わりの焼菓子。そこに、看板商品「ムー」の耳をエスプレッソに浸して作ったティラミスが載り、お店の魅力をひと皿で体感できるプレートとなっています。モーニングメニューや季節のデザートプレートもファンが多いのだとか。

店内にはお座敷や個室の席もあるので、小さな子ども連れのファミリーでも訪れやすい。

GOODTIME plants & cafe

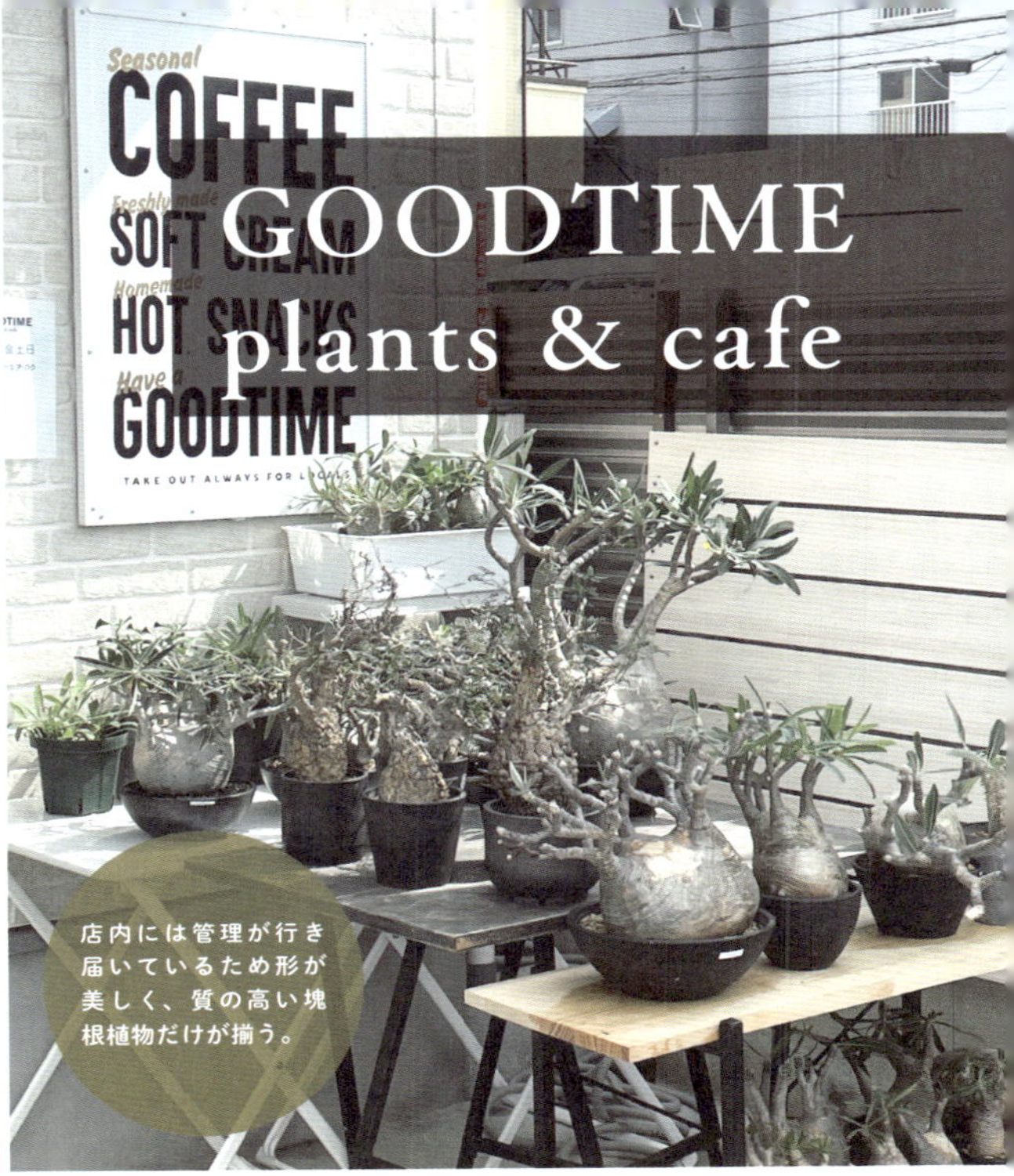

店内には管理が行き届いているため形が美しく、質の高い塊根植物だけが揃う。

1 店内は植物にとって最適な環境に整えられている。

2 “GOODTIME”の文字が施されたオリジナルの鉢など。

週末だけ開く〝塊根喫茶〟で塊根植物を愛でる

横浜市綱島の閑静な住宅街の一角にある、通称〝塊根喫茶〟。まるで友人の家に遊びに来たようなアットホームな空間には、約１５０種以上の塊根植物と多肉やアガベが並びます。塊根植物好きも足繁く通う同店の一番の特徴は、形が美しく、整ったもののみを扱っているところ。店主の菅原《すがわら》玲夫《れお》さんがひとつひとつ手塩にかけて育てているため、初めて塊根植物を買う際にも安心して購入できます。

また、同じ品種でも雰囲気の違う植物が多数。塊根植物界の王様と呼ばれるパキプスや種類豊富なパキポディウム・グラキリス、木質化したユーフォルビア・オベサなど、コレクター心をくすぐるものが揃います。現地株だけではなく、手頃なサイズ・価格の実生株も。塊根植物がより映えるオリジナルの鉢も魅力的です。

GOODTIME plants & cafe

グッドタイム プランツアンドカフェ

神奈川県横浜市港北区樽町 4-16-3-1 1階

080-7372-0833

金～日曜　11:00 ～ 17:00

休 月～木曜

東急東横線新綱島駅から東急・川崎鶴見臨港バス「樽町」バス停より徒歩２分

季節に合わせたスイーツと手づくりフードに心温まる

キーマカレーなどのプレートメニューはランチタイム限定。

塊根植物に囲まれたカウンター席と外のテラス席では、厳選されたコーヒーやフード、スイーツなどを味わうことができます。常連さんの中ではコーヒーが隠れた人気メニュー。夏には苦みを抑えてガブガブ飲めるもの、冬にはコクと甘味を感じられるものと季節に合わせた提案のほか、飲みたい味わいを伝えるだけで好みに合ったコーヒーをセレクトしてくれます。

3種のお豆のキーマカレーや、卵を包むかふわとろのままかけるかを選べるオムライス、野菜たっぷりのピタパンなどのごはんメニューも大人気。カフェタイムには、シャインマスカットなど季節のソフトクリームのほか、カリッとした食感のチュロスも外せません。

夏限定のかき氷や季節の果物フレーバーが楽しめるソフトクリームなども楽しめる。

木村植物園 ガーデン倶楽部

広い園内には花苗や観葉植物の販売から、ドッグラン、子ども用の遊具にマルシェまで。

約4000坪の敷地に並ぶ多種多様な植物に触れる

湘南からもほど近い神奈川県平塚市。山に囲まれた緑豊かな約4000坪の敷地内に広がるのは、四季折々の花や果樹、野菜苗、観葉植物など。庭づくりのヒントがいっぱいの、緑のテーマパークです。園内には、ハーブ&薬草園や子どもたちが遊べる遊具の森、ドッグラン、地元の野菜や全国から厳選したおいしいものが並ぶマルシェも。一日中、自然に囲まれてのんびりとした時間を過ごすことができます。

園内を歩いていると目に入ってくるのが、植物の売り場の所々に置かれた「日陰でこそ輝く植物はこちら」「これぞメンテナンスフリーのお花」といった、立ち止まらずにはいられないポップの数々。読んでいるだけで学びを得られる充実した内容と興味を引く仕掛けが植物への関心をより深めてくれます。

体験イベントのこだわり

園内では、お花好きが集まる「寄せ植え倶楽部」などの定期的なものから、スポットで開催される石鹸やモルタルブックをつくるワークショップなど、さまざまな形で植物に触れられるイベントを実施している。

3

1

2

1 ユーモアと植物愛を感じるポップは必見。

2 育てやすい品種の観葉植物やプロ仕様の肥料、ガーデニングツール、お庭を楽しく彩る雑貨など品揃え豊富。

3 寄せ植えの定期イベント。

初心者でも手に取りやすく 植物を学べる楽しい仕掛け

販売エリアではカテゴリーごとに多種多様な苗・樹木・植物がわかりやすく並んでいるので、「これからガーデニングを始めたい」、「理想のお庭づくりを追求したい」など目的を持って訪れるのも◎。草丈が高い、切り花に向くなどシーンに合わせて選べる宿根草のコーナーや植物に精通した店長が「もしも鉢植えで楽しむとしたらこれを植えます！」と紹介するフロアなど、植物へのアプローチの仕方も魅力です。

もちろん多肉やサボテン、アガベ、盆栽、ガジュマルといった人気の植物も。「家庭菜園をしたいけれど何からはじめたらいいかわからない」という人も、初心者向けのキットやベランダでも野菜栽培を楽しめるコンテナもあるので安心してはじめられます。

木村植物園 ガーデン倶楽部

きむらしょくぶつえん

神奈川県平塚市土屋 241

0463-59-0870

9：30 〜 17：00
(日曜 9：00 〜 17：00)

休 12 月 31 日〜 1 月 3 日

小田急秦野駅から神奈川中央交通バス「小熊天神前」下車すぐ

森の中のレストランで心と身体を整える

カフェ ナチュール

搾りたてミルクの自然な味わいが楽しめる柏木牧場のソフトクリーム。

ドッグランや子ども向けの遊具などが広がる園内の一角に「森の中の小さなレストラン」という表現がふさわしい、豊かな木々に囲まれた「カフェ ナチュール」があります。

「香りの女王」と呼ばれるフレッシュホーリーバジルを3種類ブレンドしたゼリーやハーブクッキーは一番のおすすめ。園内のハーブ園で摘みたてのハーブを使用するので、余すことなく香りを堪能できます。県内にある柏木牧場の搾りたてミルクを使った特製濃厚ソフトクリームはダントツ人気。ランチやデザートのほか、お客さんの声をもとに考案された自家製フルーツビネガーなど、心と身体を整えてくれるメニューが揃います。

カフェナチュール《かふぇなちゅーる》

神奈川県平塚市土屋 241

☎ 0463-58-9522

10：00 ～ 17：00

休 金曜（祝日の場合は営業）、年末年始

Grün ボタニカルガーデン

自然の渓谷にいるかのような非日常的な空間で植物性原料のみのスムージーをいただける。

見て、触れて、味わって 循環と再生を体感する

ポートランドをイメージした街づくりを進めているという「柏の葉キャンパス」駅から徒歩5分。海外のグリーンショップのような雰囲気をまとうお店が、ドイツ語で「グリーン」の意味を持つ言葉を店名に冠した「Grün」です。

一階は、地元千葉県の生産者によって育てられた植物が多く揃うボタニカルガーデンとスムージー&ジュースバー。廃棄されてしまうものと伐採した樹木によって装飾された〝循環〟を感じられる螺旋階段を上った2階のフロアには、ゆったりとしたソファ席のイートインスペース。そしてギャラリーとテラス席が広がります。屋上には、ドッグフェンスとドライガーデンも。アウトドアリビングのような開放的な空間で、ゆったりとした時間を過ごすことができます。

ディスプレイのこだわり

自然環境に配慮し、タイヤや扇風機などの廃材や木材でつくられたディスプレイ。植物の持つ“再生”と“循環”の力を店内のいたるところで感じられる。

1 室内用の観葉植物は初心者でも育てやすい種類も豊富。

2 階下を望める２階ではさまざまなワークショップも開催されている。

3 激レアな「パキラミルキーウェイ」など希少な植物も多数。

緑に包まれる空間とひねりの効いたセレクト

お店の中を歩いて感じるのは、時に手でかきわける必要があるほど、植物との距離が近いこと。その理由は、「植物に触れる体験をすることで、植物と過ごす時間の魅力に気が付いてほしい」という想いから。多肉や塊根植物、パルダリウムなど専門的なものから、育てやすい種類まで約４０００種が所狭しと並び、宝探しのようなワクワクした気分を味わえます。

お庭に使う人が増えているというオージープランツの種類も豊富で、花苗もくすみ系のカラーなどアクセントの効いたものが多いのも特徴。2階の一角には読み終わったおすすめの本に一言を添えて、ほかの人にシェアする本棚が設置されており、アーティストによる個展なども定期的に開催されています。

Grün ボタニカルガーデン《グリューン ぼたにかるがーでん》

千葉県柏市若柴186-146KOIL LINK GARAGE1階

04-7136-7861

10:00 ～ 18:00

休 木曜

つくばエクスプレス柏の葉キャンパス駅から徒歩５分

Grün スムージー＆ジュースバー

身体に取り入れたくなる
プラントベースのスムージー

白砂糖やはちみつは不使用。デーツやアガベシロップのやさしい甘さ。

一階のカフェカウンターでは、植物性の原材料のみを使用したミネラルとビタミンたっぷりのジュースやスムージー、お食事を注文することができます。

　飲食の全般を担当しているのは、ご自身がヴィーガンでもあるというドイツ人のマルテさん。使用する野菜や果物もなるべく近隣の生産者のものを仕入れ、アーモンドミルクは毎朝お店で搾ったフレッシュなものを使うなど、一杯ずつ丁寧につくられています。イチゴ、マンゴー、バナナなどフルーツだけでも200gを使用しているという「スムージーボウル」は、大人気メニュー。キヌアや野菜が満載の日替わりスチームボウルなどのランチも大人気です。

Grün スムージー＆ジュースバー

グリューン すむーじー あんど じゅーすばー

千葉県柏市若柴 186-146
KOIL LINK GARAGE1 階

☎ 04-7136-7863

10:00 ～ 16:00（※ 9:00 ～ 10:00 テイクアウトのみ）

休 木曜

the Farm UNIVERSAL CHIBA

大小さまざまなインドアプランツが並ぶ「かんようしょくぶつのもり」。

1 無数の植物が垂れ下がる植物園のような店内。

2 受賞歴を持つ寄せ植えのプロが在籍しているので、ほかではお目にかかれないような美しい寄せ植え作品も。

3 異国情緒漂う雰囲気のエリアも。

子ども連れで1日楽しめる植物のテーマパーク

千葉県稲毛区にある商業施設「フレスポ稲毛」内。グリーンショップというよりも、植物のテーマパークという表現がぴったりなこのスポットには〝すべての人が楽しめる植物の楽園〟をコンセプトに掲げた、大人から子どもまでがワクワクする空間が広がっています。

園内には、定番から希少な植物まで揃う「かんようしょくぶつのもり」、品質のよい花苗のみが並ぶ「おはなのもり」、珍しい種類も見つかる「さぼてんのもり」、塊根植物がずらりと並ぶ「せかいのしょくぶつえん」、果樹やオーストラリアの植物などアウトドアプランツの種類が豊富な「おにわのみどり」など大きく分けて6つのエリアが。子どもたちが遊べるキッズガーデンや砂場など遊び場も点在しています。

空間づくりのこだわり

鯉のプールや水辺の植物を使ってガラスの中に世界をつくる「パルダリウム」など、植物を通じて自然を楽しめる仕掛けが園内のいたるところにちりばめられている。

1 2 温室いっぱいに並べられたサボテンや多肉植物。

3 「EAT、BUY、PLAY、STUDY、PHOTO」の要素が詰まっている。

レンズを通して植物を楽しむ 思わず写真を撮りたくなる工夫も

お店づくりの基本要素のひとつに「PHOTO」を取り入れていることもあって、それぞれのエリアを結ぶ小道にはアイコニックなブランコやトンネルなど、思わずカメラを構えたくなるフォトスポットが多数。わかりやすいPOPが随所に添えられているので、店内を巡っているだけで、学びが得られるところも魅力です。

食用として使える農薬不使用のハーブ苗やカラーリーフの苗、盆栽、エアプランツなども種類豊富。家族で訪れても一日中楽しむことができます。

珍しい品種からカラフルなものまで、お気に入りの子がきっと見つかるはず。

the Farm UNIVERSAL CHIBA

ザ ファーム ユニバーサル ちば

千葉県千葉市稲毛区長沼原町 731-17 フレスポ稲毛 センターコート内

043-497-4187

10:00 ～ 18:00

休 不定休

JR 中央・総武線稲毛駅から京成バス「ヴィルフォーレ稲毛」下車徒歩 3 分
千葉内陸バス「長沼原町」下車徒歩 11 分

FARMER'S KITCHEN CHIBA

リラックス空間でいただく
ナチュラルでヘルシーな食事

野菜たっぷりの無水カレーはほどよいスパイシーさがクセになる。

併設の「FARMER'S KITCHEN」では、身体にやさしいアンチエイジングメニューをいただくことができます。なかでも、レモンをまるごと使った〝食べるように飲める〟レモネードは大人気のメニュー。天気のいい日には、テイクアウトをして周辺の広場で楽しむのもおすすめです。しっかりお腹を満たしたい時には、野菜の水分だけでつくられた「スパイシーチキンカレー」を。オクラやニンジンなど揚げた野菜がごろごろ載ったボリュームが魅力です。お店手づくりのデザートやクラフトコーラも注目。

FARMER'S KITCHEN CHIBA《ファーマーズキッチン チバ》

千葉県千葉市稲毛区長沼原町731-17 フレスポ稲毛 センターコート内

080-1491-7484

月～土曜 11：00～17：00
(L.O. フード 15:00／デザート&ドリンク 16:00)
日曜、祝日 11：00～18：00
(L.O. フード 16:00／デザート&ドリンク 17:00)

休 不定休

Forest

黒やゴールドに緑が映える空間。英国を彷彿とさせる雑貨の販売も。

お庭づくりから植物の提案まで「連れて帰りたい子」がきっと見つかる

「このお店の植物を部屋に置きたい」。思わずそう感じてしまうほどに、植物への好奇心を掻き立てられる場所。それが「街と緑をつなぎ、家の中に小さな森を」をコンセプトに植物のある暮らしを発信する「Forest」です。

自然が多く、心地よい風が通り抜ける町、流山おおたかの森駅」からほど近く。高架下に沿って歩いていくと、黒い骨組みの大きな建物があります。植物園のハウスのような建物のなかには、２つの世界観が共存しています。

正面に入って左側に広がるのは、緑に囲まれた華やかな空間。珍しく美しい植物を飾ることができるステータスとなっていた、ヴィクトリア朝の英国を彷彿とさせます。この場所では、植物にとどまらないさまざまなワークショップが開催されています。

建物のこだわり

お庭で楽しむキッズ用の三輪車やハンモック、ピザ窯などお庭を存分に楽しめるアイテムも展示されていて、暮らしのインスピレーションが湧いてくる。

3

1

4

2

1 お庭の相談窓口があるのもうれしい。

2 お手入れがほとんどいらないボトルガーデンは飲食店などの開店祝いに人気。

3 4 植物を使ったワークショップやカルチャーサロンを定期的に開催。

植物のある空間をまるごと提案
ワクワクする仕掛けも随所に

一方、正面から見て右側のモダンな空間には、ゴムの木をはじめ、パイナップルのようなアナナス、網目模様がアートのように美しいフィットニアなどが並んでいます。どれも「今を逃したらこの先出合えない」と思わせてくれるものばかりです。

葉っぱの色味が白い斑入りのラインナップや奇妙な形が愛らしいビザールプランツ、コーヒーカップのような鉢に入ったユーモアたっぷりのコーヒーの木……。ちょっと変わった植物が豊富なところも、植物好きにはたまらないポイントのひとつ。真ん中に丸く穴の開いたポットテーブルや森の動物たちのオブジェなど、植物との暮らしが楽しくなるアイテムも豊富に揃います。

Forest
フォレスト

千葉県流山市おおたかの森西
1-11-3 Green Path 内

04-7196-6704

11:00 ~ 18:00
(変更の場合あり)

休 不定休

つくばエクスプレス・東武アーバンパークライン流山おおたかの森駅すぐ

見て、飾って楽しんだ後は植物を身体中で味わう一杯を

果物の甘みとミントが香るデトックスティーモヒート

敷地内にあるホワイトミントカラーのキッチンカーでは、ハーブやフルーツなど自然の恵みを取り入れられる季節ごとの限定メニューが楽しめます。夏は、オーガニックの茶葉で淹れたデトックスティーモヒートがおすすめ。フレッシュなレモンと蔵王のハーブ農場から直送されたミントが香り、オープン当初から人気の一品です。冬になると、スパイスの効いたホットワインが楽しめます。

すべての商品の甘味料は砂糖ではなく〝アガペのシロップ〟を使用し、パイナップルの葉っぱや茎を再利用したストローを採用。「飾る」「見る」だけではない、植物の魅力を再発見できる場になっています。

開放感のある店内で思い思いの時間を過ごすことができる。

kawasemi green park

植物が一番魅力的に見える角度を見定めてレイアウトされているそう。

美しく個性的な熱帯植物が待つ小さな緑の空間へ

赤や青、緑といったグラデーションカラーが美しい鳥「カワセミ」。複数の要素が混ざり合いつつも、ひとつの完成された世界を創り上げているという点で、まさにこのお店はカワセミと同じ魅力を放ちます。

コンクリートの床と壁で統一された店内には、木のぬくもりを感じるテーブル席がゆったりと置かれていて、植物の緑がより一層キラキラと輝きます。さらに奥は、ぐるりと回遊できる植物エリア。水玉模様が特徴的なベゴニアマクラータやシックな色味が印象的な黒法師など、かわいいけれどちょっとひと癖ある魅力的なラインナップです。それぞれの植物には店主の桑原久美子さんが手書きしたひと言が添えられていて、どれを買おうかと迷った際のヒントに。素敵なひと鉢との出合いを手助けしてくれます。

1 入口横で迎えてくれるのは、壁一面に並ぶビカクシダ。

2 店頭にはコレチドン属オーフィラなどの多肉植物も。

3 使わなくなったオレンジのバイクを店内のオブジェとして再利用。

kawasemi green park

カワセミグリーンパーク

千葉県船橋市松が丘 4-23-24

☎ ー

11:00 ～ 16:00
※不定期営業

休 不定休

新京成電鉄高根木戸駅から徒歩 20 分
東葉高速鉄道北習志野駅から京成バス「清水山」下車徒歩 1 分

サイフォンが奏でるBGMに
ゆったりと心がほどける

レモン香るチーズケーキやミンブランなどコーヒーとの相性抜群。

カフェでは、地元の食材を使ったヘルシーなお料理やスイーツ、コーヒーを楽しめます。人気のメニューは、ハンバーグプレートとカレーのランチ。どちらも千葉県産のお米・ふさおとめに、黒米を混ぜて炊き込んだヘルシーなご飯と、近隣でとれた新鮮な野菜がたっぷりと載っています。カレーはバターチキンとキーマカレーがあり、どちらもスパイシーな味わいでやみつきに。

　また、店内ではサイフォンで一杯一杯丁寧に淹れられる極上のコーヒーも。コポコポと音を立てながら抽出されるコーヒーを眺める時間も贅沢なひととき。ピスタチオのケーキなど、コーヒーに合うデザートも豊富です。

カウンターのサイフォンで淹れられるコーヒーを眺めるのも至福のひととき。

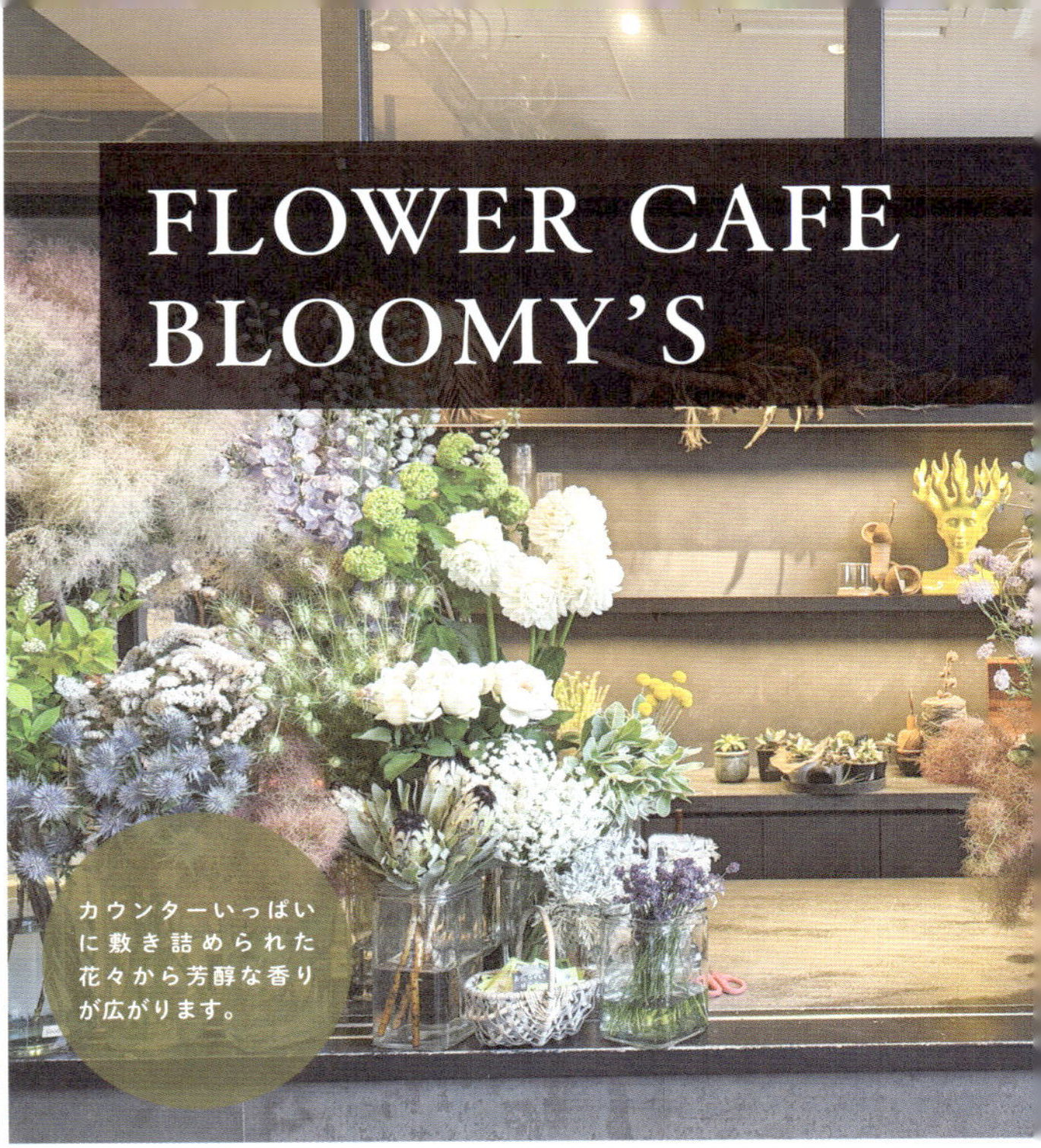

FLOWER CAFE BLOOMY'S

カウンターいっぱいに敷き詰められた花々から芳醇な香りが広がります。

1 壁面の飾り棚や店内の至るところに、枝ものやドライフラワーがあり、飾り方のヒントに。

2 リースづくりや子どもがお花に親しめるワークショップなども開催される。

生花からドライまで お花を長く楽しむヒントが見つかる

初めてお店を訪れた時、ヨーロッパの庭園に迷い込んだ感覚になり、思わず360度見渡してしまいました。ブラックを基調としたクールで開放的な空間には、個性的なオブジェや雑貨、ダイナミックに飾られた花と植物たち。手頃なサイズのフィカスから塊根植物、そのまま飾っても美しいドライフラワーブーケまでがフロアを埋め尽くしています。

1週間に1回新しいものが入るという生花は、スモークツリーやプロテアなど個性的かつドライフラワーになっても美しいものを。クジャクの羽根やトウガラシなどを加えて、スワッグとして仕上げたドライブーケも、ギフトに人気の品です。オランダやベルギーなどの個性的なデザインのポットや花瓶も扱われ、お部屋の雰囲気を変えたい時にもぴったりです。

FLOWER CAFE BLOOMY'S
フラワーカフェ ブルーミーズ

埼玉県川口市栄町 1-9-3

☎ 048-250-3700

🕒 11:00 ～ 21:00

休 水曜

JR 川口駅から徒歩 10 分

お花を五感で楽しめる特別なひと皿をどうぞ

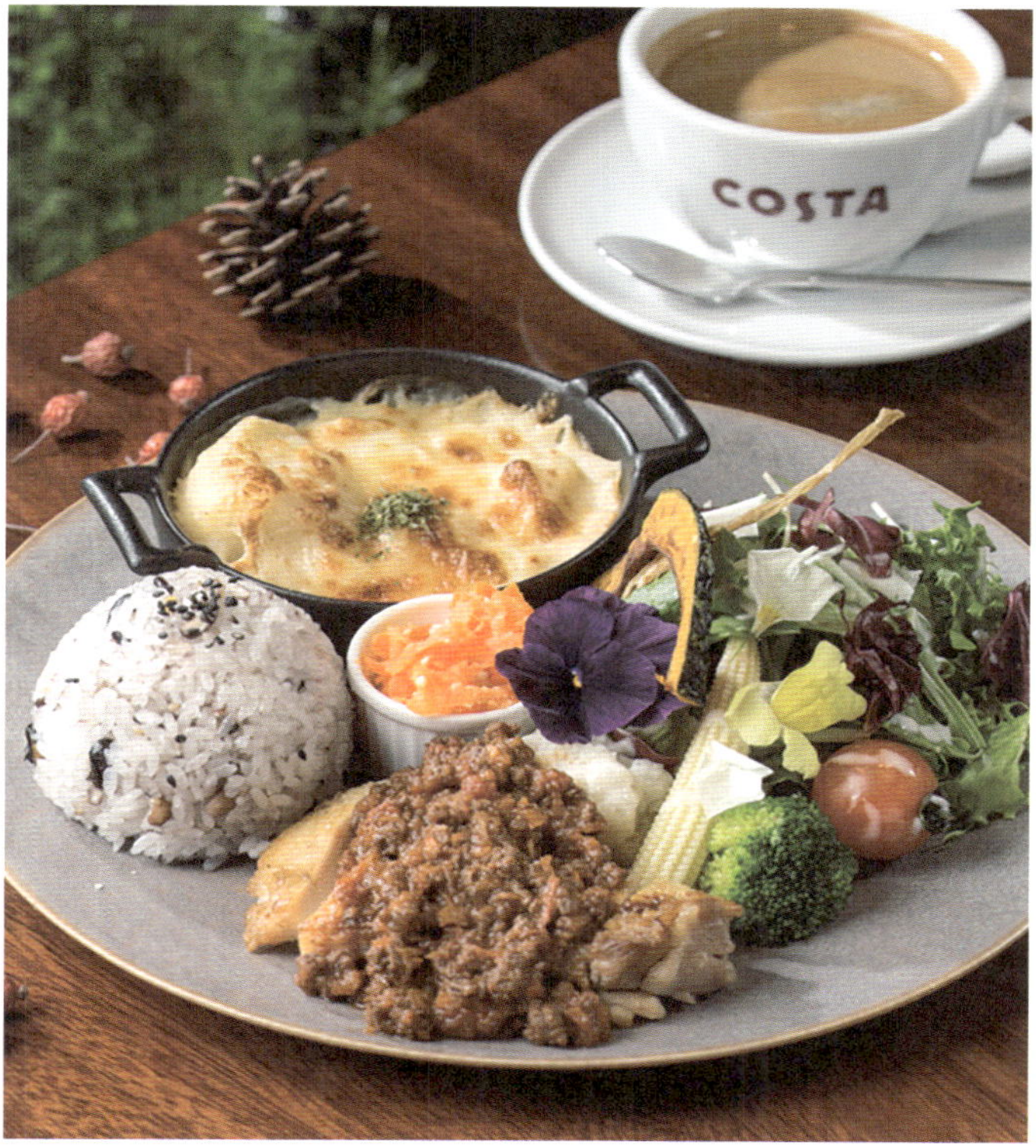

「BLOOMY'S プレート」は毎月変わるので何度でも楽しめる。

カフェでは花満開のワクワクした瞬間を体感できる身体にもうれしいフードやスイーツの数々が。ほとんどのメニューに、エディブルフラワーがちりばめられ、目と鼻だけでなく味覚や食感でもお花を楽しむことができます。

毎月内容が変わる「BLOOMY'Sプレート」は、五穀米やサラダ、チキン／ハンバーグなど5～6種が一つのお皿に載り、しっかり食べても罪悪感のないヘルシーな一品。オリジナルフルーツソースと季節の果物を絡めて、パクリといただくフルーツワッフルでしめれば、お腹も心も満たされていきます。コスタコーヒーとパティシエによる手づくりデザートを合わせれば、特別な時間に。

フルーツワッフルやデトックスハーブティーで華やかなカフェタイムを。

solFlows

農業用ハウスを使った店舗では除草剤を使わず、雑草も共存させるお庭の心地よさを体感できる。

1 ラテン語で太陽を表す「sol」と花を表す「Flos」から「solFlows」という店名に。

2 店内には地元の作家さんが手掛けるスイーツや雑貨も販売。

農業用ハウスが心地よい空間に “遊べる植物展示場”な、花屋

フラワーショップというより〝植物や花を中心に人々が集う場所〟という表現がぴったりのこの場所。使われなくなったトマトの農業用ハウスをリノベーションしてつくられた空間をぐるりと巡っていくと、牛舎の餌箱を再利用してつくられた「メダカの水槽」が現れます。モルタルを塗るなど夫婦でできる部分はDIYをしたという店内には、旬のお花からマダガスカルジャスミンやガジュマル、ちょっと珍しい多肉植物まで多数取り揃えられています。

ハウスの横に併設されているのは、地元の庭師さんとつくったという手づくりの庭「コエニワ」。ミモザやブルーベリーなど、店内で扱っている樹木も実際に植えられていて、庭造りのインスピレーションを得ることもできます。

solFlows
ソルフロース

埼玉県本庄市児玉町児玉 2265-1

☎ 0495-71-8716

10:00 ~ 18:00

休 火曜　※不定休あり

JR八高線児玉駅から徒歩10分

週末はOneday Cafeが開店
集い、繋がり、発信する場に

「エスプレッソトニック」は爽やかな飲み口が新感覚の体験。

店内奥のキッチンカウンターでは、地元本庄市にある「あさみ珈琲」の自家焙煎豆で淹れるコーヒーを。トニックウォーターを使った「エスプレッソトニック」も外せない一品です。週末は、近隣のお店がカレーやハンバーグなどの料理やドリンクを提供するOneday Cafeに。緑と花に囲まれ、ゆったりとしたテーブルで食事を楽しむことができます。

また店内では、地元の作家さんが手掛けるアクセサリーやリネンのワンピースなど誰かに贈りたくなる選りすぐりのアイテムにも遭遇できちゃいます。花や植物のみならず、マルシェ感覚で素敵なものにも触れられるので、ふらりと寄ってみたくなるスポットです。

古着や音楽を絡め、地域を盛り上げ発信するイベントも多数主催。毎回訪れる楽しみが見つかりそう。

And more

関東近郊エリアの素敵なグリーンショップを
もっとご紹介します。

PROTOLEAF ゆめが丘ソラトス店

プロトリーフ ゆめがおかそらとすてん

ゆめが丘駅

培養土メーカーならではの豊富な品揃えの大型店

横浜市泉区の商業施設にある、敷地面積240坪、2024年7月オープンの大型植物店。卓上サイズから大型の観葉植物を中心に、花鉢や多肉植物、珍奇植物が豊富に揃います。培養土メーカー直営だけあり、園芸用品も充実。自社培養土で栽培された一部の対象植物は、1か月の「枯れ保証」もあり、初心者でも安心です。

店内スペースで持ち込み植物の植替えも可能（有料）。

独特の外見をもつ珍奇植物（ビカクシダ、アガベ、各種塊根植物など）も豊富。

神奈川県横浜市泉区ゆめが丘31 ゆめが丘ソラトス1 1階 03-5716-8787（小売代表） 月～日曜 10:00～20:00 休なし ※「ゆめが丘ソラトス」の休業日・営業時間に準じる

sbotanical

エスボタニカル

馬車道駅

緑生い茂る店内で植物のパワーを感じて

横浜赤レンガ倉庫に隣接する商業施設にあるボタニカル＆サーフアパレルショップ。観葉植物は、定番品種から昨今流行りの珍奇植物までそろい、毎週100鉢以上の入荷があるそう。サイズも豊富で、2メートルを超える大型植物も。サボテンや塊根植物が豊富なほか、ドライフラワーの品揃えも充実。スワッグは好みの花材でオーダーできます。

広々とした店内にグリーンがぎっしり。アパレル商品の取扱いも。

高さ1メートルを超える「柱サボテン」は、入荷後すぐに完売する人気商品。

神奈川県横浜市中区新港1-3-1 MARINE & WALK YOKOHAMA 1階「NARUMIYA plus」内 090-8726-8985 11:00～20:00 休なし

Tou+ plants

トウタスプランツ

江戸川台駅

植物とポットの組み合わせや、ハンギング、壁かけなど、飾り方のイメージが膨らむ。

グリーン×インテリアで インドアを心地よく

流山エリアにある、インテリア業界出身のオーナーによる観葉植物店。インテリアと相性抜群のお洒落なグリーンやポットが並びます。「ルーツポーチ」という不織布製のエコな植木鉢も人気。

千葉県流山市江戸川台西 2-144 マドカビル 1 階 04-7114-2980
月～金曜 10:00 ～ 17:00、土・日曜・祝日 12:00 ～ 17:00 休 木曜

The Naturalist

ザ・ナチュラリスト

上尾駅

沖縄産にこだわって仕入れている観葉植物は、独特な樹形と生命力の強さが魅力。

生産者直営ならではの 品質とラインナップ

埼玉県上尾市にある、花生産会社が運営する大型植物店。自社生産を中心とした季節の花苗や最新品種を取り揃え、観葉植物や庭木がずらりと並びます。観葉植物は、県でも有数の品揃えだそう。

埼玉県上尾市西宮下 4-344 048-788-3778 10:00 ～ 18:00
休 水曜

botanical shop MIDORIYA 観葉植物専門店

ボタニカルショップ ミドリー
かんようしょくぶつ
せんもんてん

薬園台駅

「何周しても飽きない」と呼び声の高い楽し気な雰囲気の店内。

わくわく宝探し気分で お気に入りを探して

船橋市にある、小～中型中心の観葉植物専門店。小ぶりな店内に、常時 300 種以上ものグリーンが所狭しと並びます。植木鉢も手ごろな価格のものが豊富です。

千葉県船橋市田喜野井 3-10-6
047-499-9099 11:00 ～ 17:00 休 月曜

インテリアに映える！
人気植物の育て方5選

初心者さんからマニアまで人気の観葉植物５種をピックアップして、
育て方やおすすめポイントを教えてもらいました。

No.01

モンステラ

Point
ほどよく日が当たる場所に置いて

育てやすさ　★★★★★
温度　５℃以上をキープ
水やり　春夏：土の表面が乾いてから
　　　　秋冬：土の中が乾いてから２～３日後

ビギナーに人気！ 5℃以上をキープしてあげて

気温が５℃を下回らなければ、基本的には少しくらい放置していても大丈夫という初心者にうれしい種類。明かりの足りない場所に置いていると、葉っぱが明るい方へと伸び、形が崩れる可能性も。明るい部屋で育ててあげるのがベターです。

No.02

ポトス

Point
カーテン越しの窓辺が好き

育てやすさ　★★★★★
温度　５℃以上をキープ
水やり　春夏：土の表面が乾いてから
　　　　秋冬：土の中が乾いてから２～３日後

ぐんぐん伸びて成長を楽しめる

どんな場所でも比較的元気に育ってくれるところが魅力。葉っぱがよく伸びるので、すぐに成長が感じられます。伸びすぎてしまったらたまに剪定してあげればOK。もし葉の色が黄色くなったら、肥料をあげるなどの処置をしてあげて。

教えてくれたのはこの人！

堀田裕大さん

グリーンギャラリーガーデンズ 店長
コンテナガーデンコンテストで農林水産大臣賞を受賞したこともあるという、園芸のスペシャリスト。同店の YouTune チャンネルでは植物の育て方から植え替え、寄せ植えの仕方などなど植物に関するあらゆる情報を発信しています。
YouTube：@ グリーンギャラリーガーデンズ
グリーンギャラリーガーデンズ八王子本店　→ p.132 掲載

No.03

ガジュマル

Point
水やりのしすぎにも注意！

育てやすさ　★★★★☆
温度　0℃以上をキープ
水やり　春夏：土の表面が乾いたら
秋冬：土の中が乾いてから2～3日後

金運・健康運を引き寄せてくれる人気植物

根が個性的で風水もよく、ちょっとしたギフトにも人気のガジュマル。育てやすい植物ですが、意外と水切れに弱いという点も。葉が落ちてきてしまうときはお水をあげるなど、いつもより念入りに様子を見てあげてください。葉が黄色くなってしまったら明るい場所へ。

No.04

苔玉

Point
室内より屋外の方が◎

育てやすさ　★★★☆☆
温度　10℃以上をキープ
水やり　2～3日に1回

水やりにはちょっとしたコツが必要

苔玉には上から水をあげるだけでなく、苔の中までしっかり水分を染み渡らせてあげなくてはいけません。水を張った容器に苔玉ごと入れて数分置き、しっかりお水を含ませてあげて。また、濡れたままではカビの原因になるので、十分乾かしてからお皿に置いてあげましょう。

No.05

ビカクシダ

Point
鉢植えのビカクシダからはじめるとGOOD！

育てやすさ　★★★☆☆
温度　10℃以上をキープ
水やり　春夏：土の表面や水苔が乾く前に
秋冬：週1回程度

板付けがかっこいい！ 水やりと風通しに注意

乾かしすぎはよくないので、週に3回ほどは水を張った容器の中に水苔をまるごと入れて、十分水を含ませます。時々霧吹きをすることも大事。また空気の流れも意外と重要なので、夏は外に出したり、部屋の中ではファンを回すなど風通しをよくしてあげましょう。

プロ直伝！

植物のお世話Q&A

植物を育てていると起こりやすいトラブルや、やっておいたほうがいいお世話の方法などを植物のプロに教えていただきました。

Q.01
基本のき！ 植物を元気に育てるため必要なのは？

A. お水・光・風通し

窓のない部屋やトイレなどは基本的には植物が育ちませんが、近年は育成ライトや空調ファンなどのお役立ちアイテムがたくさん出ているので、環境にあったものを選んで、上手に使うのもおすすめです。

エバーフレッシュ

Q.02
意外と難しい…水やりのコツは？

A. 基本は土の表面が乾いてから

洗濯物と一緒で、その時の気温、季節、環境下によって変わります。基本的には土の表面を触って乾いていたら水やりをしましょう。また、葉っぱがピンとせず下を向いているサインも見逃さないように。

Q.03
初心者におすすめの植物TOP 3は？

A.

1 **モンステラ**
葉っぱの形もかわいく、丈夫なので。

2 **シダ科の植物**
意外と丈夫で見た目もおしゃれ。植物のある暮らしっていいなあと思ってもらえるかも？

3 **エバーフレッシュ**
昼は葉っぱが開き、夜は閉じるという動きがあるところも魅力。水が足りないと開かないなど、お世話がわかりやすいのもポイント。

Q.04
家の中に虫を寄せ付けたくない！

A. 土を変えたり より丁寧なお世話を

部屋に置く観葉植物は有機質のものが入っていない（少ない）インドア用の土を使うのがおすすめ。また、葉っぱにこまめに霧吹きをしたり、ほこりを丁寧に拭くことをルーティンに加えると、いち早く葉っぱの異常に気が付くこともできます。生き物である以上、どうしても虫は発生してしまうので、最小限に抑えることを考えてみて。

Q.05
植え替えに適した時期やポイントは?

**A. 春から秋頃、
少し大きい鉢にお引越し**

４月下旬から10月いっぱいまでが適した時期です。植え替えの時は今の鉢よりもひと回り大きいものを選び、植物の根っこ部分を切りすぎないように注意して。根っこについた土は取りすぎずに、そのまま新しい土に植え替えてあげると◎。

Q.06
夏の育て方、冬の育て方は違う？

A. 季節の変わり目は要注意！

季節の変わり目には根腐れや温度変化で植物を枯らしてしまうという人も意外と多いもの。夏と冬では水やりの頻度なども変わるので、土の中の水分量を可視化できるアイテムなどをうまく使って、季節の変わり目トラブルを回避しましょう。とくに、気温が下がってくると窓際に置きっぱなしの植物はダメージを受けてしまうことも。

Q.07
おすすめの植物育成アイテムは？

A.

- **水やりチェッカー**
  最適な水やりのタイミングを色で知らせてくれるアイテム。
- **育成ライト**
  明かりの足りない部屋でもすくすく育ってくれる。手のひらサイズのおしゃれなものも。
- **葉っぱのほこり取り手袋**
  さっと軽く手でなでるだけで葉っぱのほこりを掃除することができます。

Q.08
葉っぱが黄色くなってしまった時はどうする？

**A. 原因を探って
環境を変えてみて**

よくあるトラブルですが、
①明るさが足りない
②栄養が足りない
③根腐れや根づまりなど根っこのトラブル
④温度が低い環境下にいる
など原因はさまざま。

下のほうの葉っぱが黄色くなってしまうのは、植物が成長を続けるために自らダイエットのように枯らしていることも。場所を変えてあげたり、植え替えをしてあげたりすると改善する場合もあります。

Q.09
葉っぱが伸びてしまったら、切る？

A. 必要な場合は切ってあげて

風通しや光合成の効率が悪くなる場合は、剪定が必要になります。剪定をするなら４～10月あたり。切る部分は植物の種類にもよりますが、枝ものは葉の付け根から新しい葉っぱが出てくるので、付け根の上で切ってあげるとベスト。

水やりチェッカー

育成ライト

子どもとおでかけ

全国 飛行機めぐり

撮って、学んで、体験して
飛行機を楽しみつくす1冊!

監修:チャーリィ古庄
本体 1800円+税

なぜ?を考える力がつく 東京 科学館めぐり

科学館からの挑戦状!
きみはいくつわかる?

本体 1800円+税

全国 恐竜めぐり

博物館から化石探し、恐竜ホテルまで
いま会える恐竜をコンプリート!

本体 1800円+税

動物園・水族館

動物園めぐり シーズン2

シリーズ第2弾! 全国の動物園で暮らす動物たちに会いに行こう。

本体 1800円+税

水族館めぐり シーズン2

シリーズ第2弾! 全国の水族館で暮らす生きものたちに会いに行こう。

本体 1800円+税

会いに行ける動物めぐり PHOTOBOOK

『水族館めぐり』&『動物園めぐり』が、写真集になりました。

本体 1800円+税

神社・お寺

歴史さんぽ 東京の神社・お寺めぐり 新装版

人々の暮らしと信仰の歴史が
息づく東京をめぐる。

著:渋谷申博
本体 1680円+税

全国の神社 福めぐり

ご利益の誉れ高い日本の名神社
170社を絶景写真とともに紹介。

著:渋谷申博
本体 1680円+税

京都 花の寺社 巡礼図鑑

「花の美しい88寺社」を見てまわる、
とっておきの京都めぐり。

著:蔭山敬吾、写真:水野克比古
本体 1680円+税

茂木雅世

お茶好きが高じ、2009年頃から急須で淹れるお茶の楽しさをポップに楽しく伝える活動を始める。近年では、お茶や植物をはじめとする"ほっとする時間"をナビゲートするラジオDJ・MCとしての一面も。著書に『東京のほっとなお茶時間』(G.B.)。

STAFF

撮影	森山広三（p1-3、p20-23、p36-39、p62-65、p75、p89-91、p106-111、p124-126）
MAP	マップデザイン研究所
校正	東京出版サービスセンター
カバーデザイン	酒井由加里（Q.design）
本文デザイン	酒井由加里、奥平菜月（Q.design）
DTP	G.B. Design House
執筆協力	池田麻衣
営業	峯尾良久、長谷川みを、鈴木正太郎（G.B.）
編集	出口圭美（G.B.）

東京の
おいしいボタニカルさんぽ

初版発行	2024年11月28日
著者	茂木雅世
編集発行人	坂尾昌昭
発行所	株式会社G.B. 〒102-0072 東京都千代田区飯田橋4-1-5
電話	03-3221-8013（営業・編集）
FAX	03-3221-8814（ご注文）
URL	https://www.gbnet.co.jp
印刷所	株式会社シナノパブリッシングプレス

乱丁・落丁本はお取り替えいたします。
本書の無断転載・複製を禁じます。
© Masayo Moki / G.B. company 2024 Printed in Japan
ISBN 978-4-910428-48-2